基本法務・政策法務

JN091881

自治体法務検定問題集

2021年度版

自治体法務検定委員会 編

第一法規

自治体法務検定とは

　地方分権の推進により、自治体は、自らの判断で、知恵をしぼり工夫をこらして、最良の政策を推進していかなければなりません。そのためには、自らが責任をもって法令の解釈を行い、住民福祉の向上に資するための条例・規則を制定することが大切となってまいります。いま、「自治体法務」の重要性が唱えられているのは、まさにこのためなのです。

　自治体において法務に対するニーズが高まってきた要因としては、第1に、地方分権改革によって自治体が処理する事務の範囲が拡大したため、各自治体は法のルールに則って適正かつ透明な事務処理を行う責務があることがあげられます。第2に、わが国の民間企業には厳しい"コンプライアンス"や"コーポレート・ガバナンス"が求められるようになってきていますが、自治体に対しても全く同じことが求められているということがあります。自治体には、マスコミや住民からの非難を受けず、各種の争訟にも堪えうるような事前配慮が必要となります。

　これからの自治体は、住民に身近なところで、それぞれの地域にふさわしい独自の行政サービスを提供しなければなりません。そのためには、教育、福祉、環境、安心・安全、まちづくり、土地利用、産業振興、内部管理、情報、財務会計・監査等、多岐多彩な専門的能力をもった職員が必要となります。その際、自治体職員も、これらの各分野に共通した法的問題や地域独自の政策を法的に設計し構築するための法務能力を備えることが期待されます。

　このような要請を受けて、高い法務能力を備えた自治体職員を養成するための1つの手段として設けられたのが「自治体法務検定」という仕組みです。この検定は、「基本法務編」と「政策法務編」というそれぞれのテキストを勉強した上で、主にその中から出題される問題に答えていただき、その採点結果によって、その時点での受検者の法務能力を評価するというものです。ひと口に自治体といっても、都道府県や市町村はそれぞれ多種・多様であり、地域の独自性や自治行政の中での法務に対する比重の置き方もさまざまかと思いますが、これからの新しい時代の地方自治を担い、各自治体を牽引する役割を担う職員になっていただくためにも、一人でも多くの自治体職員の皆様に、「自治体法務検定」に参加していただけることを期待しています。

2013年9月

自治体法務検定委員会
委員長　塩野　宏

基本法務と政策法務

◎基本法務とは

自治体行政実務との関連をふまえ、法というものの基本を身につける。

　基本法務は、自治体が政策を推進していく上で欠かすことのできない基本法分野（憲法、行政法、地方自治法、民法、刑法）の知識と、政策を根拠づける法への理解力及び自治行政を推進するに際し必要となる国や自治体の法制に関する理解力などの、すべての自治体職員に必要とされる法務能力の向上を目指すものです。

　また、本検定は、単に基本法務の基礎知識の習得のみを目指すのではなく、それを自治体の実務にいかに活かすかという、いわば「考える自治体職員」としての力が身につくようにもなっています。

◎政策法務とは

「わがまち」の自治を創造するための法務知識を身につける。

　政策法務は、地方分権の趣旨を踏まえ、自ら法令を解釈・運用し、条例を制定し、自らの戦略に基づいて法務行政を行うなどの、自治体（と自治体職員）が自らの価値と判断に基づいて行政実務を推進していくための政策法務能力の習得を目指すものであり、行政法、地方自治法、行政学の分野を対象にしています。

　ひと通り備わった法務知識を基礎として、その法務知識を事案解決や新たな政策立案とその実現にいかに活かすか、法務の基礎力から応用力までを問います。

この問題集の使い方

◎問題集の位置づけ

　この問題集は、2021年度自治体法務検定「基本法務」及び「政策法務」の一般受検で出題された問題とその解答及び解説です。

　主に各自治体で勤務する職員が、『自治体法務検定公式テキスト　基本法務編』『自治体法務検定公式テキスト　政策法務編』（共に第一法規刊）で学習をした後に、この問題集を繰り返し解くことで、自治体法務検定委員会が認定する「プラチナクラス」「ゴールドクラス」「シルバークラス」を取得するに必要な法務能力を身につけ、もって各自治体の第一線で活躍できる公務員となることを目指すための問題集です。

　なお、出題された問題は、主に2020年8月1日公布日現在の法令及び制度等を基にしています（2021年度検定対応の公式テキストに同じ）。

◎自治体法務検定受検対策として

　自治体法務検定の受検に向けた学習において、実際に出題された問題を解くことによって、問題形式や問題の傾向、時間配分等を把握することができます（検定時間：各120分）。

◎自治体法務検定受検後のフィードバックとして

　2021年度自治体法務検定一般受検の受検者が、解答を誤った問題について、どこをどう誤ったのか、その原因を確認するとともに、解説で盛り込まれる法令・判例等を理解することにより、出題された問題をより深く理解することができます。

◎自己研鑽の教材として

　自らの法務能力の向上を目指し学習する自治体職員の自己研鑽のための教材として活用できます。また、『自治体法務検定公式テキスト　基本法務編』『自治体法務検定公式テキスト　政策法務編』を併用して学習することにより、より効果的に法務知識を身につけることができます。

◎自治体における法務研修時の演習問題用テキストとして

　自治体法務検定で出題される問題は、自治体の実務に即した内容で構成されていますので、自治体で実施する法務研修等における演習問題として活用することができます。また、法務研修後の学習効果の測定手段としても活用することができます。

◎公務員試験等を目指す学生の模擬教材として

　「基本法務」は、憲法、行政法、地方自治法、民法、刑法など幅広い法分野の知識を問う問題からなり、一方の「政策法務」にはより洞察力が必要な問題が含まれることから、本問題集は、各法分野を広く深く学習するのに最適なものであり、公務員試験等を目指す学生の受験対策として格好の模擬教材となるものです。

◎自治体法務検定委員会による認定について

　自治体法務検定委員会では、受検者が検定で獲得した点数により、次のようなクラス認定を行っておりますので、１つでも上のクラスを目指して頑張ってください。

　　シルバークラス：500〜699点

　　ゴールドクラス：700〜899点

　　プラチナクラス：900〜1000点

◎凡例

・本書では、以下の略語を使用しています。

　基本法務テキスト

　　　自治体法務検定委員会編『自治体法務検定公式テキスト　基本法務編　2021年度検定対応』
　　　（第一法規、2021年）

　政策法務テキスト

　　　自治体法務検定委員会編『自治体法務検定公式テキスト　政策法務編　2021年度検定対応』
　　　（第一法規、2021年）

・解答と解説に、各テキストの章番号を表示しています。

　　（例）序　1　2

※「自治体法務検定」公式サイト（http://www.jichi-ken.com/）では、2021年度自治体法務
　検定一般受検の分析結果が掲載されていますので、ご参照ください。

◆装丁——篠　隆二

目 次 ━━━━━━━━━━━━━━━━━━━━━━━━━●

2021年度自治体法務検定問題集（2021年9月26日（日）実施）

自治体法務検定とは
基本法務と政策法務
この問題集の使い方

第1章　自治体法務検定　基本法務（2021年度）

第2章　自治体法務検定　政策法務（2021年度）

第1章　自治体法務検定　基本法務（2021年度）

第1節　問題

問1　法律の留保に関する次の記述のうち、妥当なものを1つ選びなさい。
①　法律に留保すべき事項は、民主制の見地からすれば、国民の権利義務に関わる事項に限られる。
②　法律の優位の原則からすれば、法律と命令が衝突・抵触する場合には、必ず法律が優先する。
③　法律事項については、必ず法律によって定める必要があり、政府にその詳細の決定を委任することは許されない。
④　法律の留保は、法律の根拠があれば国民の自由と財産を制限できるとするもので、反自由主義に基づいている。

問2　地方公共団体の公の施設に関する次の記述の空欄に入る語句の組合せとして正しいものを、①〜④の中から1つ選びなさい。

> 　普通地方公共団体は、公の施設の設置の目的を（　ア　）に達成するため必要があると認めるときは、条例の定めるところにより、法人その他の団体であって当該普通地方公共団体が（　イ　）するものに、当該公の施設の管理を行わせることができる。

①　ア：効果的　　イ：委託
②　ア：経済的　　イ：指定
③　ア：効果的　　イ：指定
④　ア：経済的　　イ：委託

問3　地方公共団体の会計又は予算に関する次の記述のうち、妥当なものを1つ選びなさい。
①　地方自治法は、各会計年度における歳出は、その年度の歳入をもってこれに充てなければならないという会計年度独立の原則を定めており、その例外的措置を認めていない。
②　地方公共団体の会計は、一般会計及び特別会計に分けられるが、地方公共団体の財政状況の全体像を容易に把握できるようにするため、会計は単一であることが望ましいことから、特別会計は、法律に認める場合に限ってその設置が認められる。
③　予算の調製は、地方公共団体の長の専権事項とされているため、予算の具体的内容を定めるにあたっては、地方公共団体の他の執行機関から意見を聴取することは法律上認められていない。
④　予算の執行は、地方公共団体の長の専権事項とされているが、それは、政令で定める基準に従って定められた予算の執行に関する手続に従って執行されなければならない。

問4　Aは、B県知事の政策に不満を抱き、自らが代表者となって、B県知事の解職の直接請求をすることとした（以下、「本件解職請求」という）。本件解職請求に関する次の記述のうち、妥当でないものを1つ選びなさい。なお、B県の選挙権を有する者の総数は100万人であり、Aも選挙

権を有する住民に含まれるものとする。

① Aが、本件解職請求を行うために集めなければならない署名数は、20万に8分の1を乗じた数、40万に6分の1を乗じた数、及び40万に3分の1を乗じた数を合計した数である。

② 仮に、Aが、B県の選挙管理委員会の職員であれば、Aは本件解職請求の代表者になることができない。

③ 本件解職請求のために必要な署名を収集する期間は、Aが本件解職請求の代表者証明書の交付を申請し、それが確認され告示されてから、3ヶ月以内とされている。

④ 必要な数の連署をもって本件解職請求がされた場合、B県の選挙管理委員会は、直ちに請求の要旨を公表し、選挙人の投票に付さなければならない。

問5 抗告訴訟に関する次の記述のうち、妥当でないものを1つ選びなさい。

① 抗告訴訟とは、公権力の行使に関する不服の訴えのことであり、義務付け訴訟はその例である。

② 行政事件訴訟法は、抗告訴訟のうち侵害的な処分を事前に阻止するための差止訴訟に関する規定を中心に構成されている。

③ 行政事件訴訟法は、取消訴訟、無効等確認訴訟などの抗告訴訟を法定するほか、法定外の抗告訴訟を解釈上認める余地を残している。

④ 抗告訴訟とは、公権力の行使に関する不服の訴えのことであり、不作為の違法確認の訴えは抗告訴訟に含まれる。

問6 経済的自由に関する次の記述のうち、最高裁判所の判例に照らして妥当でないものを1つ選びなさい。

① 憲法は職業選択の自由を保障しているところ、その中には営業の自由を保障する趣旨も含まれている。

② 入居者が暴力団員であることが判明した場合に市営住宅の明渡しを請求することができる旨を定める市の条例の規定は、憲法に違反しない。

③ 憲法が財産権の内容は「法律」で定めると規定していることから、財産権を制約する法律が違憲と判断されることはない。

④ 私有財産への制限が特定の人に対し特別に財産上の犠牲を強いるものとはいえない場合、損失補償を行わなくても憲法に違反しない。

問7 文書偽造の罪に関する次の記述のうち、妥当なものを1つ選びなさい。

① 刑法は、公文書偽造罪と公文書変造罪とに同じ刑を定めている。

② 刑法は、有印公文書偽造罪と無印公文書偽造罪とに同じ刑を定めている。

③ 刑法は、公文書偽造罪と私文書偽造罪とに同じ刑を定めている。

④ 刑法は、偽造公文書行使罪と偽造私文書行使罪とに同じ刑を定めている。

問8　行政事件訴訟法3条2項の公権力の行使に関する次の記述のうち、妥当なものを1つ選びなさい。

①　行政機関の権力的な事実行為は、公権力の行使にあたらない。

②　行政手続法上の「行政指導」は、公権力の行使にあたらない。

③　行政機関が私人による許認可の申請を拒否する行為は、公権力の行使にあたらない。

④　条例の制定行為に公権力の行使にあたるものはない。

問9　日本国憲法における「地方自治の本旨」に関する次の記述のうち、最も妥当なものを1つ選びなさい。

①　中央集権制度を採用している以上、地方公共団体に積極的に事務を配分することは、地方自治の本旨に反する。

②　住民自治は直接民主制の実現をねらいとするものであるから、間接民主制は原則として地方自治の本旨に反する。

③　団体自治は地方公共団体の権限の独立を要求するから、憲法で定めた例外を除いて、法律で特定の組織の設置を強制することは、地方自治の本旨に反する。

④　現在の都道府県と市町村の二層制を、市町村のみからなる一層制に改めることは、原則として地方自治の本旨に反する。

問10　市の会計管理者Aが、貸付金申請資格のないBから頼まれて、賄賂と引換えに、帳簿に記載することなく、保管する市の貸付資金からBに貸付けを行い、後日これを回収して、何事もなかったかのように処理した事案において成立する罪に関する次の記述のうち、最も妥当なものを1つ選びなさい。

①　私文書偽造罪と受託収賄罪と業務上横領罪のうちの2つだけが成立する。

②　公文書偽造罪の不真正不作為犯と加重収賄罪と業務上横領罪のうちの2つだけが成立する。

③　公文書偽造罪の不真正不作為犯と受託収賄罪と背任罪のうちの2つだけが成立する。

④　公文書偽造罪の不真正不作為犯と加重収賄罪と背任罪のうちの2つだけが成立する。

問11　損害賠償に関する次の記述のうち、妥当なものを1つ選びなさい。

①　将来生じる損害について現在賠償金を受け取る場合は、利息分を加えて受け取ることができる。

②　建物の売主が履行を遅延した場合、遅れた期間に買主がアパートを借りざるをえなかった場合の費用だけでなく、その建物を転売して利益を得るはずであったのに転売できずに失った利益も損害賠償の対象となりうる。

③　債務不履行による損害賠償請求がされた場合において、債務者が債権者に対して反対債権を有していたときは、損益相殺をすることによって賠償額を減額することができる。

④　損害の発生に関して債権者に過失があったときは、裁判所が損害賠償額を減額することができるが、損害の拡大について債権者に過失があっても、賠償額が減額されることはない。

問12　成年後見制度に関する次の記述のうち、妥当でないものを1つ選びなさい。

① 成年後見の3類型（後見、保佐、補助）の開始の審判があった場合、戸籍に記載されることはない。

② 成年後見登記は、成年後見の3類型（後見、保佐、補助）の開始の審判を経て、法務局で管理する後見登記等ファイルになされる。

③ 成年後見制度の利用の促進に関する法律を受けて、成年被後見人や被保佐人が欠格事由となっていた諸制度の見直しが行われた。

④ 成年後見制度の利用の促進に関する法律が制定され、成年後見制度の利用促進のための施策の策定、実施について国の責務は定められたものの、地方公共団体の責務は定められなかった。

問13　時効に関する次の記述のうち、妥当なものを1つ選びなさい。

① 消滅時効とは、一定期間権利が行使されなかったことによってその権利が消滅するという制度をいい、債権は債権者が権利を行使することができることを知った時から5年間又は権利を行使することができる時から10年間、所有権は権利を行使することができる時から20年間権利を行使しないときは、消滅時効により消滅する。

② 時効の完成猶予とは、それまでに進行した時効は効力を失い、猶予期間の経過後に再び時効が進行するものであるのに対し、時効の更新とは、時効の進行中に、そのまま時効を進行させるのは妥当でない一定の事情が発生した場合に、時効の完成を延期するものであり、それまでに経過した期間を無意味なものとはしない点で、時効の完成猶予とは異なる。

③ 他人の土地を長期間、所有する意思を持って占有すると占有者はその物の所有権を時効で取得できるが、その土地が公有地の場合には、たとえ公共的財産としての形態、機能を喪失していたとしても、取得時効の対象とはならない。

④ 時効は、当事者が援用しなければ裁判所がこれによって裁判をすることができないが、債務者のほかに、その債務の担保のために自己の土地を担保に提供した物上保証人も独自の時効援用権を有する。

問14　地方公務員に対してすることができる懲戒処分として妥当でないものを、①～④の中から1つ選びなさい。

① 停職

② 降任

③ 減給

④ 戒告

問15　住所に関する次の記述のうち、妥当でないものを1つ選びなさい。

① 民法には、住所に関する規定が置かれている。

② 各人の生活の本拠がある場所であれば、民法が定める住所と認められる。

③　民法が定める住所とは、生活の痕跡が一部でも認められれば足りるとされている。

④　民法が定める住所の概念は、民法以外の他の法律にも使われる共通概念となっている。

問16　意思表示に関する次の記述のうち、妥当でないものを1つ選びなさい。

①　Aは、Bに宝石を贈与する意思がないのに、Bの歓心を買うため、Bに対して、宝石を贈与する旨の意思表示をした。この場合において、BがAの真意を知らなかったとしても、BがAの真意を知ることができたときには、AはBに対して、贈与の意思表示が無効であると主張することができる。

②　Aは、債権者Bからの差押えを逃れるため、Cと相談のうえ、自己所有の不動産をCに売却したこととし、登記をC名義に変更した。この場合、Cがこれらの事情を知らないDに当該不動産を売却したとき、Aは、Dに対して自己の所有権を対抗できない。

③　Aは、Bから自己所有地の近隣に火葬場ができるから地価が下がると告げられ、それを信じて、Bに対して当該不動産を売却し、Bに所有権の登記を移した。その後、火葬場ではなく、新駅が開業する計画が発表され、Bにだまされたことを知ったAは、AB間の売買契約を取り消した。Aの取消し後、Bが、事情を知らないが、知らないことに過失のあるCに当該不動産を売却した場合、Aは、当該不動産について、Bから登記の移転を受けたCに対し、当該不動産の所有権を対抗できない。

④　Aが、Bに強迫されて自己の所有する動産をBに売却して引き渡した後、Bは、当該動産を強迫の事実を知らないCに売却して引き渡した。その後、Aは、AB間の売買契約を、強迫を理由に取り消した。この場合、Aは強迫の事実を知らないCに対して、当該動産の所有権を主張することができない。

問17　地方自治法上の住民監査請求や住民訴訟に関する次の記述のうち、妥当でないものを1つ選びなさい。

①　住民監査請求があった場合において、当該請求の対象である行為が違法であると思料するに足りる相当な理由があり、当該行為により当該普通地方公共団体に生ずる回復の困難な損害を避けるため緊急の必要があり、かつ、当該行為を停止することによって人の生命又は身体に対する重大な危害の発生の防止その他公共の福祉を著しく阻害するおそれがないと認めるときは、監査委員は、理由を付して当該行為を停止すべきことを勧告することができる。

②　地方公共団体の議会は、住民監査請求があった後に、当該請求に係る行為又は怠る事実に関する損害賠償又は不当利得返還の請求権その他の権利の放棄に関する議決をしようとするときは、あらかじめ監査委員の意見を聴かなければならない。

③　住民訴訟のうち、1号請求とよばれる差止めの請求は、差止めの対象となる行為により、地方公共団体に回復の困難な損害を生じるおそれがある場合にのみすることができる。

④　住民監査請求は、対象となる行為のあった日又は終わった日から1年を経過したときは、これをすることができないが、「正当な理由」があるときは、この限りでない。

問18　事務管理に関する次の記述のうち、妥当なものを1つ選びなさい。

①　事務の管理を始めた者に、管理を開始する法的義務がある場合、事務管理は成立しない。

②　事務の管理を始めた者が、本人の意思に反して管理を行っても事務管理は成立する。

③　事務の管理を始めた者が、自己の事務を行う場合、事務管理は成立する。

④　事務の管理を始めた者が、本人の利益に反して管理を行っても事務管理は成立する。

問19　感染症の予防及び感染症の患者に対する医療に関する法律（以下、「法」という）15条の解釈に関する次の記述のうち、最も妥当なものを1つ選びなさい。

①　法15条1項は、都道府県知事に対し、所定の事務の実施を義務付ける規定である。

②　法15条2項は、厚生労働大臣に対し、緊急の必要があるときに、同条1項の都道府県知事の事務を代執行することを認める規定である。

③　法15条2項に基づく厚生労働大臣の権限行使について、都道府県知事が不服を抱いた場合には、緊急性に鑑みて直ちに関与取消訴訟を提起することができる。

④　法15条2項は、厚生労働大臣に対し、緊急の必要があるときに、同条1項の都道府県知事の事務と同一の内容の事務を、自らの権限に属する事務として処理することができることを定めた規定である。

（参考）　感染症の予防及び感染症の患者に対する医療に関する法律

（感染症の発生の状況、動向及び原因の調査）

第一五条　都道府県知事は、感染症の発生を予防し、又は感染症の発生の状況、動向及び原因を明らかにするため必要があると認めるときは、当該職員に一類感染症、二類感染症、三類感染症、四類感染症、五類感染症若しくは新型インフルエンザ等感染症の患者、疑似症患者若しくは無症状病原体保有者、新感染症の所見がある者又は感染症を人に感染させるおそれがある動物若しくはその死体の所有者若しくは管理者その他の関係者に質問させ、又は必要な調査をさせることができる。

2　厚生労働大臣は、感染症の発生を予防し、又はそのまん延を防止するため緊急の必要があると認めるときは、当該職員に一類感染症、二類感染症、三類感染症、四類感染症、五類感染症若しくは新型インフルエンザ等感染症の患者、疑似症患者若しくは無症状病原体保有者、新感染症の所見がある者又は感染症を人に感染させるおそれがある動物若しくはその死体の所有者若しくは管理者その他の関係者に質問させ、又は必要な調査をさせることができる。

3　（以下、略）

問20　Aを殺そうと考えAだと思って銃弾を発射して狙い通り命中し、被弾した者は死亡したが、Aだと思っていたのは実はBだったという事例に関する次の記述のうち、妥当なものを1つ選びなさい。

①　客体の錯誤である。

②　方法の錯誤である。

③　打撃の錯誤である。

④　抽象的事実の錯誤である。

問21　地方公共団体の議会に関する次の記述のうち、妥当でないものを1つ選びなさい。

①　町村は、条例で、議会を置かず、選挙権を有する者の総会を設けることができる。

②　地方公共団体の議会は、条例により、定例会・臨時会の区分を設けず、通年の会期とすることができる。

③　日本国憲法は、地方公共団体の議会の議員の選出について、住民の直接選挙によることを定めている。

④　日本国憲法は、地方公共団体には、条例の定めるところにより、その議事機関として議会を設置すると定めている。

問22　地方公共団体の執行機関に関する次の記述のうち、妥当でないものを1つ選びなさい。

①　地方自治法は、地方公共団体の長は、当該地方公共団体の執行機関相互の間にその権限につき疑義が生じたときは、これを調整するように努めなければならないと定めている。

②　地方自治法は、地方公共団体の執行機関は、長の所轄の下に、執行機関相互の連絡を図り、すべて、一体として、行政機能を発揮するようにしなければならないと定めている。

③　地方自治法は、地方公共団体の執行機関の組織は、長の所轄の下に、それぞれ明確な範囲の所掌事務と権限を有する執行機関によって、系統的にこれを構成しなければならないと定めている。

④　地方自治法は、地方公共団体にその執行機関として地方公共団体の長のほか、法律又は条例の定めるところにより、委員会又は委員を置くと定めている。

問23　相続に関する次の記述のうち、妥当なものを1つ選びなさい。

①　自筆証書遺言は、相続財産の目録を添付する場合を含め、全文を自書しなければならないが、押印する必要はない。

②　預貯金債権が相続された場合は、金額によって自動的に配分されるので遺産分割の対象とならず、ただちに各相続人に帰属する。

③　共同相続の後、遺産分割によって法定相続分を超えて不動産を取得した場合、登記しなければ第三者に対抗することはできない。

④　親権は一身専属的な権利であるが、相続の対象となる。

問24　次の文章は、教職員国旗国歌訴訟上告審判決（最判平24・2・9民集66巻2号183頁）の判旨の一部である。空欄に当てはまる語句の組合せとして正しいものを、①〜④の中から1つ選びなさい。

「……本件確認の訴え〔職務命令に基づく公的義務の不存在の確認を求める訴え——出題者注〕は、将来の不利益処分たる懲戒処分の予防を目的とする（　ア　）訴訟として位置付けられるべきものと解するのが相当であり、実質的には、本件職務命令の違反を理由とする懲戒処分の（　イ　）の訴えを本件職務命令に基づく公的義務の存否に係る確認の訴えの形式に引き直したものということができる。抗告訴訟については、行訴法において、法定抗告訴訟の諸類型が定められ、改正法により、従来は個別の訴訟類型として法定されていなかった（　ウ　）の訴えと（　イ　）の訴えが法定抗告訴訟の新たな類型として創設され、将来の不利益処分の予防を目的とする事前救済の争訟方法として法定された（　イ　）の訴えについて『その損害を避けるため他に適当な方法があるとき』ではないこと、すなわち補充性の要件が訴訟要件として定められていること（37条の4第1項ただし書）等に鑑みると、職務命令の違反を理由とする不利益処分の予防を目的とする（　ア　）訴訟としての当該職務命令に基づく公的義務の不存在の確認を求める訴えについても、上記と同様に補充性の要件を満たすことが必要となり、特に法定抗告訴訟である（　イ　）の訴えとの関係で事前救済の争訟方法としての補充性の要件を満たすか否かが問題となるものと解するのが相当である。／本件においては、……法定抗告訴訟として本件職務命令の違反を理由としてされる蓋然性のある懲戒処分の（　イ　）の訴えを適法に提起することができ、その本案において本件職務命令に基づく公的義務の存否が判断の対象となる以上、本件職務命令に基づく公的義務の不存在の確認を求める本件確認の訴えは、上記懲戒処分の予防を目的とする（　ア　）訴訟としては、法定抗告訴訟である（　イ　）の訴えとの関係で事前救済の争訟方法としての補充性の要件を欠き、他に適当な争訟方法があるものとして、不適法というべきである。」

① 　ア：無名抗告　　イ：義務付け　　ウ：差止め
② 　ア：当事者　　　イ：差止め　　　ウ：義務付け
③ 　ア：無名抗告　　イ：差止め　　　ウ：義務付け
④ 　ア：当事者　　　イ：義務付け　　ウ：差止め

問25　条例に関する次の記述のうち、妥当なものを1つ選びなさい。
① 　憲法に条例制定権の根拠となる規定はない。
② 　条例で財産権を制限することは憲法違反である。
③ 　都道府県条例と市町村条例との間には、条例間の抵触問題が生じる余地はない。
④ 　上乗せ・横出し条例を定めることを明文化した法律がある。

問26　非典型担保に関する次の記述のうち、妥当なものを1つ選びなさい。
① 　倉庫内にある在庫商品全体のように構成部分の変動する集合動産については、その目的物の範囲を特定することができないので、譲渡担保の目的とすることができない。
② 　動産の譲渡担保の対抗要件は引渡しであるが、この引渡しに占有改定は含まれない。
③ 　譲渡担保権を実行した場合において、目的物の価額が債務の額を上回るときは、債務者の利益

が害されるため、譲渡担保権者には差額の清算義務がある。

④　所有権留保においては、売主は、買主に、売買代金の支払前に目的物を引き渡し、形式的には買主に所有権が移転され、代金が支払われなかった場合に、所有権が売主に復帰する。

問27　憲法93条2項にいう「住民」の意義に関する次の記述のうち、最高裁判決の趣旨に照らして、妥当なものを1つ選びなさい。

①　在留する外国人も納税の義務を負担することに変わりはないから、同条にいう「住民」に含まれる。

②　在留する外国人のうちその居住する区域の地方公共団体と特段に密接な関係をもつに至った者は、同条にいう「住民」に含まれる。

③　同条にいう「住民」とは、地方公共団体の区域内に住所を有する日本国民を意味しており、在留する外国人一般を含むわけではない。

④　在留する外国人一般に対して地方参政権を付与するか否かは、専ら国の立法政策の問題であり、違憲の問題は生じえない。

問28　新型コロナウイルス対策に関する次の記述のうち、妥当でないものを1つ選びなさい。

①　2020年2月に全国の小中学校に対して内閣総理大臣から出された休校の要請は、法律の根拠に基づくものではない。

②　新型インフルエンザ等対策特別措置法に基づいて発出された緊急事態宣言の期間中に、緊急事態宣言対象区域の都道府県知事が当該都道府県の住民に対して行った外出自粛要請は、法律の根拠に基づくものである。

③　新型インフルエンザ等対策特別措置法に基づいて発出された緊急事態宣言の期間中に、緊急事態宣言対象区域の都道府県知事が行った飲食店等に対する休業要請に従って休業した事業者には、それに伴う損失を補償することが憲法上必要である。

④　営業自粛等により特に大きな影響を受ける事業者に対して政府から支給される持続化給付金は、特段の法律の定めによるものではなく、政府の予算措置によるものである。

問29　民法上の物権に関する次の記述のうち、妥当でないものを1つ選びなさい。

①　所有権とは、法令の制限内において、物を自由に使用・収益・処分することができる権利である。

②　地役権とは、設定行為で定めた目的に従って、他人の土地を自己の土地の便益に供することができる権利である。

③　抵当権とは、債権の担保として債務者又は第三者から受け取った物を占有し、かつ、その物について他の債権者に先立って自己の債権の弁済を受ける権利である。

④　地上権とは、工作物又は竹木を所有するために、他人の土地を使用することを内容とする権利である。

問30　次の設例に関する①〜④の記述のうち、Xに生じる不法行為に基づく損害賠償請求権について、最も妥当でないものを1つ選びなさい。ただし、①〜④の記述は、いずれも独立した肢であり、相互に無関係である。

> （設例）
>
> 　ある道路の歩行者用路側帯の内側を、A保育園に所属する保育園児Xを含む保育園児ら（当該保育園児は全て3歳であった）が、保育園児Xの親Yを含む各保育園児の保護者らと手をつないで歩行し、当該保育園の従業員である保育士Zが隊列の先頭でその歩行を監督しながら進行していた。
>
> 　このような状況の中で、YがXの手を離したことで、保育園児Xが突然、隊列から外れ車道に出てしまい、後方から進行してきた小型トラックにはねられ、全治2ヶ月の重傷を負った（以下、「本件事故」という）。
>
> 　当該小型トラックを運転していたのは、B建設の従業員Wであったが、通常であれば、車道に飛び出してきたXを避けることができたが、度重なるB建設での深夜勤務の影響から運転中の注意力が散漫となり、当該注意力低下から本件事故が発生した。

①　保育士Zが不法行為に基づく損害賠償義務を負わない場合、A保育園の使用者責任としての損害賠償義務は成立しない。

②　従業員Wの事故に対しB建設が不法行為に基づく損害賠償義務を負うものであるから、Wの損害賠償義務は成立しない。

③　XがB建設に対して損害賠償請求をしたときに過失相殺が問題となる場合、X自身及び保育士Zの過失の有無は損害賠償額に影響しない。

④　小型トラックにはねられていないYの過失の有無がXの損害賠償額に影響する。

問31　地方公共団体の協力方式の一つである職員の派遣に関する次の記述のうち、妥当なものを1つ選びなさい。

①　地方公共団体の委員会又は委員が、法律に特別の定めがあるものを除くほか、他の地方公共団体の職員の派遣を求める場合、当該他の地方公共団体の長に対し、その職員の派遣を求めることができる。

②　地方公共団体の委員会又は委員が、法律に特別の定めがあるものを除くほか、他の地方公共団体の職員の派遣を求める場合、当該地方公共団体の長と協議をし、その協議が調っていることが必須である。

③　職員の派遣の求めに応じて派遣される職員は、派遣元の地方公共団体の職員の身分を失う一方、派遣先の地方公共団体の職員の身分のみを有することになり、その給料は、当該派遣先の地方公共団体が負担することになる。

④　職員の派遣の求めに応じて派遣された職員の身分取扱いに関しては、派遣先の地方公共団体の職員に関する法令の規定が適用されることが原則とされ、当該法令の趣旨に反しない範囲内で政令で特別の定めをなしうるにすぎない。

問32　司法権の限界に関する次の文章を読み、空欄を補充するのに妥当な語の組合せを①〜④の中から1つ選びなさい。

> 　（　ア　）の懲罰は、……議事に参与して議決に加わるなどの議員としての中核的な活動をすることができず、住民の負託を受けた議員としての責務を十分に果たすことができなくなる。このような（　ア　）の懲罰の性質や議員活動に対する制約の程度に照らすと、これが議員の権利行使の一時的制限にすぎないものとして、その適否が専ら議会の自主的、（　イ　）な解決に委ねられるべきであるということはできない。
> 　そうすると、（　ア　）の懲罰は、議会の（　イ　）な権能に基づいてされたものとして、議会に一定の裁量が認められるべきであるものの、裁判所は、常にその適否を判断することができるというべきである。
> 　したがって、（　ウ　）の議員に対する（　ア　）の懲罰の適否は、司法審査の対象となるというべきである。

① 　ア：出席停止　　イ：争訟的　　ウ：普通地方公共団体の議会
② 　ア：除名　　　　イ：自律的　　ウ：衆議院
③ 　ア：出席停止　　イ：自律的　　ウ：普通地方公共団体の議会
④ 　ア：除名　　　　イ：争訟的　　ウ：衆議院

問33　泉佐野市ふるさと納税事件に関する次の記述の空欄に入る語句の組合せとして妥当なものを、①〜④の中から1つ選びなさい。

> A　国地方係争処理委員会の（　ア　）を受けた国の行政庁は、（　ア　）に則して必要な措置を講ずるとともにその旨を国地方係争処理委員会に通知しなければならず、（　ア　）は（　イ　）。
> B　総務大臣の告示は、国による指定の基準を定めるものであるから、（　ウ　）に鑑みても、その策定には法律上の根拠を要する。
> C　告示は、改正規定の施行前における返礼品の提供の態様を理由に指定の対象外とされる場合があることを定めるものであるから、実質的には、（　エ　）を定める側面があることは否定し難い。

① 　ア：裁決　イ：法的拘束力がある　　ウ：関与法定主義　エ：遡及適用
② 　ア：勧告　イ：実質的拘束力がある　ウ：比例原則　　　エ：技術的助言への不服従を理由とした不利益な取扱い
③ 　ア：裁決　イ：法的拘束力がない　　ウ：比例原則　　　エ：遡及適用
④ 　ア：勧告　イ：実質的拘束力がある　ウ：関与法定主義　エ：技術的助言への不服従を理由とした不利益な取扱い

問34 行政処分の取消しと撤回に関する次の記述のうち、妥当でないものを1つ選びなさい。

① 行政処分の取消しとは、成立時から瑕疵のある行政処分について、原則として成立時に遡って効力を失わせることである。

② 行政処分の撤回とは、行政処分がされた後の事情により、その効力を存続させることが妥当でなくなった場合に、原則として将来に向かって効力を失わせることである。

③ 学問上の行政処分の撤回にあたる場合も、法令用語としては「取消し」の語が用いられることがある。

④ 相手方に利益を与える処分を撤回できるのは、撤回について法律に明文の規定がおかれている場合に限られる。

問35 次の文章を読み、空欄を補充するのに適当な語の組合せを、①～④の中から1つ選びなさい。

「近代国家における（　ア　）主権の観念は、君主主権の観念の対立物として生れた。（　ア　）主権の観念を、国家（　イ　）の（　ウ　）の根拠が（　ア　）に存在するという意味――（　ウ　）的契機――と、（　ア　）自身が国家（　イ　）の究極の行使者であるという意味――（　イ　）的契機――とが不可分の形で結合したものと理解するならば、かような意味の（　ア　）主権の観念は比較的に新しいものと見なければならない。」（黒田覚『憲法に於ける象徴と主権』（有斐閣、1946年）42～43頁）

① ア：国家　　イ：権力　　ウ：権力

② ア：国民　　イ：法人　　ウ：権力

③ ア：国家　　イ：法人　　ウ：正当性

④ ア：国民　　イ：権力　　ウ：正当性

問36 地方公共団体の事務に関する次の記述のうち、妥当でないものを1つ選びなさい。

① 法定受託事務の処理の義務付けは、法律又はこれに基づく政令によらなければならない。

② 法定受託事務は、自治事務と同様、地方公共団体の事務である。

③ 第一号法定受託事務は、国が本来果たすべき役割に係るものであって、国においてその適正な処理を特に確保する必要があるものという特別の性質を有している。

④ 法定受託事務は、自治事務と同様、法律又はこれに基づく政令に定めるものであり、これらの2つの事務類型は法令の規定によって積極的かつ具体的に定められている。

問37 法律と条例の関係に関する次の記述のうち、妥当なものを1つ選びなさい。

① 条例は、法律の根拠に基づかなければ、定めることはできない。

② 法律よりも厳しい規制をおく条例を設けることは、許されない。

③ 法律よりも広い対象を規制する条例を定めることは、許されない。

④ 条例は、法律に適合していなければ、定めることはできない。

問38　公務執行妨害罪に関する次の記述のうち、最も妥当なものを1つ選びなさい。

①　公務執行妨害罪の成立に必要な暴行は、公務員に向けられたものでなければならない。

②　公務執行妨害罪の成立に必要な脅迫は、人を困惑させるに足る害悪の告知である。

③　権限に基づかない違法な公務執行に対する妨害であったとしても、公務執行妨害罪の成立を妨げない。

④　非権力的な公務に対する妨害については、威力業務妨害罪が規定されているため、公務執行妨害罪は成立しない。

問39　次の記述のうち、行政手続法の規定内容について述べたものとして妥当なものを、①〜④の中から1つ選びなさい。

①　行政機関は、行政調査を行おうとするときは、調査の適正な遂行に支障を及ぼすおそれがあるときを除き、調査の日時、場所及び目的を事前に調査の相手方に告知しなければならない。

②　行政庁は、申請書に必要な書類が添付されていること、申請をすることができる期間内にされたものであることその他の法令に定められた申請の形式上の要件に適合しない申請については、諾否の応答をする義務を負わない。

③　何人も、法令違反の事実がある場合に、その是正のためにされるべき処分がされていないと思料するときは、当該処分の権限を有する行政庁に対し、当該処分をすることを求める申出ができる。

④　届出は、当該届出の提出先とされている行政機関が当該届出を適法と認めて受理することにより、届出としての法的効果を生ずる。

問40　地方公共団体の住民に関する次の記述のうち、妥当でないものを1つ選びなさい。

①　判例によると、都市公園内に不法に設置されたキャンプ用テントを起居の場所とし、公園施設である水道設備等を利用して日常生活を営んでいれば、生活の本拠としての実態があるかどうかに関わりなく、上記テントの所在地が同人の住所であるということができる。

②　地方自治法上の住民は日本国民であることを要件とはしていない。

③　地方公共団体の住民は、地方自治法が定めるところにより、その属する地方公共団体の議会の解散を請求する権利を有しているが、このような権利を有する住民は日本国民である住民に限られる。

④　市町村の住民であることの要件は、市町村内に住所を有することであり、住民基本台帳に記録されることではない。

問41　特別地方公共団体に関する次の記述のうち、妥当でないものを1つ選びなさい。

①　広域連合の長は、当該広域連合を組織する地方公共団体の事務の処理が広域計画の実施に支障があると認めるときは、当該広域連合の議会の議決を経て、当該広域連合を組織する地方公共団体に対し、当該広域計画の実施に関し必要な措置を講ずべきことを勧告することができる。

② 一部事務組合を設立して市町村が共同処理しようとする事務は、同一の種類の事務でなければならず、同一の種類の事務ではないが相互に関連性があるというだけでは、一部事務組合を設立することはできない。

③ 一部事務組合の議会については、当該組合を組織する地方公共団体の議会をもって組織することが認められている。

④ 財産区の収入及び支出に関しては、当該財産区の存する市町村は会計を分別しなければならない。

問42 次の記述のうち、行政処分の効力に関する説明として妥当なものを、①〜④の中から1つ選びなさい。

① 行政処分には公定力があるから、行政処分に重大かつ明白な瑕疵がある場合であっても、取消訴訟以外の訴訟で当該処分の違法性を主張することはできない。

② 行政処分には公定力があるから、違法な行政処分によって損害を受けたことを理由に国家賠償請求が認められるためには、まず、取消訴訟を提起して当該処分を取り消す判決を得なければならない。

③ 行政処分について取消訴訟の出訴期間が経過して不可争力が生じた後においても、当該処分をした行政庁が職権で当該処分を取り消すことは可能である。

④ 行政処分には自力執行力があるから、一般に、行政処分によって課された非代替的作為義務が履行されないときは、行政上の間接強制（執行罰）により履行を強制することができる。

問43 行政手続法に基づく不利益処分の理由提示において処分基準の適用関係を示さなければならないか否かに関する次の記述のうち、最高裁判所の判例に照らし、最も妥当でないものを1つ選びなさい。

① 行政手続法に基づいて不利益処分の理由をどの程度提示すべきかは、理由提示が求められている趣旨に照らし、当該処分の根拠法令の規定内容、当該処分に係る処分基準の存否及び内容並びに公表の有無、当該処分の性質及び内容、当該処分の原因となる事実関係の内容等を総合考慮して決定すべきである。

② 行政手続法上、処分基準を設定し公にすることは努力義務とされているから、行政庁が処分基準を設定し公にしている場合に、理由提示において処分基準の適用関係を示すことも努力義務であると解され、理由提示において処分基準の適用関係を示さなくても違法ではない。

③ 処分の根拠法令において処分の具体的基準が定められており、かつ、公にされている処分基準の内容が単純で、いかなる理由に基づいてどのような処分基準の適用によって当該処分が選択されたのかを処分の相手方において容易に知りうるような場合は、理由提示において処分基準の適用関係を示さなくても違法ではない。

④ 行政手続法上、理由提示において処分基準の適用関係を示す必要があると解される不利益処分について、処分基準の適用関係が示されていない場合、当該処分は行政手続法に定める理由提示の要件を欠いた違法な処分であると解され、当該処分がその内容において裁量権の逸脱濫用にあ

たるか否かに拘わらず、取消しを免れない。

問44　地方公共団体の契約に関する次の記述の空欄に入る語句の組合せとして正しいものを、①～④
　　　の中から1つ選びなさい。

> 　地方公共団体の締結する、売買、貸借、請負その他の契約に係る方法のうち、指名競争入札、
> （　ア　）又はせり売りは、（　イ　）で定める場合に該当するときに限り、これによることが
> できる。

① 　ア：任意契約　　イ：条例
② 　ア：任意契約　　イ：政令
③ 　ア：随意契約　　イ：条例
④ 　ア：随意契約　　イ：政令

問45　行政不服審査法に関する次の記述のうち、妥当なものを1つ選びなさい。
① 　行政不服審査法では、紛争解決のための簡易迅速な手続が設けられているが、公正な紛争解決
　　は目指されていない。
② 　行政不服審査法は、国民の権利利益の救済を目的としており、行政の適正な運営の確保を目的
　　とはしていない。
③ 　行政不服審査法は、処分の根拠法に行政不服審査法の適用がある旨の定めがなくとも適用され
　　る。
④ 　行政不服審査法は、処分のみならず、処分にあたらない通達などの行政規則も不服申立ての対
　　象にしている。

問46　地方公務員の勤務関係等に関する次の記述のうち、妥当でないものを1つ選びなさい。
① 　一般職の職員は、採用によって職員としての身分を獲得するが、この採用行為は、同意に基づ
　　く行政処分として理解されている。
② 　勤務関係の成立時期は、辞令書の交付又はこれに準ずる行為がなされたときである。
③ 　定年に達した場合には、定年に達したその年度内の条例で定める日に、任命権者による特別な
　　処分などの手続を経ずに、当然かつ自動的に離職する。
④ 　職員本人が退職願を提出した場合には、任命権者の行政処分を待つまでもなく、当然に離職す
　　る。

問47　訓令及び職務命令に関する次の記述のうち、妥当なものを1つ選びなさい。
① 　各省大臣がその所掌事務について通達を発することは、訓令権の行使にあたる。
② 　職員が上司の職務上の命令に従う義務は、行政組織法の一般法理から導かれており、法律上明

文の定めはない。

③　上級機関は、法律の根拠がなければ訓令権を行使することができない。

④　行政機関だけでなく、私人も訓令に従う義務を負う。

問48　地方公共団体に関する次の記述のうち、妥当でないものを1つ選びなさい。

①　地方自治法が定める特別地方公共団体には、特別区、総合区、財産区及び地方公共団体の組合がある。

②　広域連合には議会が置かれる。

③　一部事務組合には議会が置かれる。

④　特別区は、道府県にも設けることができる。

問49　憲法95条にいう「一の地方公共団体のみに適用される特別法」（以下、「地方特別法」という）に関する次の記述のうち、最も妥当なものを1つ選びなさい。

①　地方特別法の制定には、特定の対象に不当な負担を負わせる危険があるため、当該地方公共団体の議会における過半数の同意を必要とする。

②　地方特別法は措置法律に該当するから、法の一般性・抽象性の要件を満たさず、制定は認められない。

③　地方公共団体の住民や地域に適用される法律は、地方特別法には該当しないから、憲法95条は適用されない。

④　形式的に全国の地方公共団体に適用される法律であっても、事実上、特定の地方公共団体に適用される法律であれば、憲法95条が適用される。

問50　地方公共団体の議会に関する次の記述のうち、妥当でないものを1つ選びなさい。

①　議員は、議会の議決すべき事件につき、議会に議案を提出することができる。

②　議員による議案の提出は、文書で行われなければならない。

③　議員定数の4分の1以上の者は、当該地方公共団体の長に対し、臨時会の招集を請求することができる。

④　議員が議案を提出するには、議員定数の8分の1以上の者の賛成が必要である。

問51　国家賠償法1条に関する次の記述のうち、最高裁判所の判例に照らして、最も妥当でないものを1つ選びなさい。

①　私人が行った行為が公権力の行使にあたるために、当該行為に起因して生じた損害について、国や地方公共団体が国家賠償法に基づく賠償責任を負うことがある。

②　警察官が制服制帽を着用して職務行為を装い強盗をした場合の損害については、国や地方公共団体が国家賠償法に基づく賠償責任を負うことがある。

③　国公立学校における生徒間事故により生じた損害については、国や地方公共団体が国家賠償法に基づく賠償責任を負うことがある。

④　公務員の職務上の権限行使に起因して生じた損害について、当該公務員個人が直接被害者に対して国家賠償法に基づく賠償責任を負うことがある。

問52　賃貸借に関する次の記述のうち、妥当でないものを1つ選びなさい。

①　不動産賃貸借において、賃貸人たる地位の移転は、賃貸不動産について所有権の移転の登記をしなければ、賃借人に対抗することができない。

②　賃借人は賃借物について賃貸人の負担に属する必要費ないし有益費を支出したときは、賃貸人に対し、必要費についてはその償還を請求することができるが、有益費についてはその償還を請求することができない。

③　賃借人は、賃借物を受け取った後にこれに生じた損傷（通常の使用及び収益によって生じた賃借物の損耗並びに賃借物の経年変化を除く）があり、その損傷が賃借人の責めに帰することができる事由によるものである場合には、賃貸借が終了したとき、その損傷を原状に復する義務を負う。

④　不動産の譲渡人及び譲受人が、賃貸人たる地位を譲渡人に留保する旨及びその不動産を譲受人が譲渡人に賃貸する旨の合意をしたときは、賃貸人たる地位は、譲受人に移転しない。

問53　命令等についての行政手続法に関する次の記述のうち、妥当でないものを1つ選びなさい。

①　行政手続法にいう命令等には、法律に基づく命令のほか、審査基準、処分基準及び行政指導指針が含まれる。

②　命令等を定める機関は、命令等を定めた後においても、当該命令等の規定の実施状況、社会経済情勢の変化等を勘案し、必要に応じ、当該命令等の内容について検討を加え、その適正を確保するよう努めなければならない。

③　命令等を定める機関は、意見公募手続を実施した結果、命令等の案に反対する意見が過半数を占めたとしても、当該命令等の案を修正する義務を負わない。

④　意見公募手続に関する行政手続法の規定は、地方公共団体の機関が命令等を定める行為にも適用される。

問54　選挙に関する次の記述のうち、妥当なものを1つ選びなさい。

①　当該選挙の候補者に限り、選挙期日においてもインターネット等を用いた選挙運動を行うことができる。

②　候補者は、自身のホームページに掲載された文書図画をプリントアウトしてビラとして配布することができる。

③　投票所を閉じる時刻を繰り上げることは、選挙人の投票の機会を減少させるので、できないこととされている。

④　選挙期間中に期日前投票を行った選挙人が投票日までの間に死亡した場合も当該投票は有効票として取り扱われる。

問55　客観訴訟の類型に関する次の記述のうち、妥当なものを１つ選びなさい。
①　機関訴訟は、客観訴訟としての民衆訴訟の一つである。
②　公職選挙法の定める選挙等無効訴訟は、客観訴訟としての抗告訴訟の一つである。
③　当事者訴訟は、客観訴訟としての機関訴訟の一つである。
④　住民訴訟は、客観訴訟としての民衆訴訟の一つである。

問56　委任に関する次の記述のうち、妥当でないものを１つ選びなさい。
①　委任契約は、当事者の一方が法律行為をすることを相手方に委託し、相手方がこれを承諾することによって成立する契約であるが、仕事の完成までは目的としていない。
②　委任契約は原則として無償である。
③　委任契約は各当事者がどのような場合でもその解除をすることはできない。
④　委任契約を解除した場合、相手方に損害を賠償しなければならないことがある。

問57　国・地方公共団体の活動に適用される法に関する次のア～ウの記述のうち、妥当でないものはいくつあるか、①～④の中から１つ選びなさい。

ア　国・地方公共団体の活動に適用される法は、すべて行政法である。
イ　国・地方公共団体の活動に適用される法は、すべて憲法ないし行政法である。
ウ　国・地方公共団体の活動に適用される法は、すべて成文法である。
---

①　０個
②　１個
③　２個
④　３個

問58　県議会議員の甲市選挙区選挙（定数１）に立候補したＡの出納責任者Ｂは、有権者に金銭を提供してＡへの投票依頼を行ったことにより、買収罪で執行猶予付きの禁錮刑に処せられた。この事例に関する次の記述のうち、妥当でないものを１つ選びなさい。
①　Ｂが有権者に金銭を実際に提供せず、提供の約束をしただけであったとしても買収罪として処罰される。
②　Ｂが刑に処せられた場合、Ｂの選挙人名簿登録地の市町村選挙管理委員会は、その旨の表示をしなければならない。
③　Ｂが刑に処せられ、連座制が適用されてＡが失職した場合、甲市選挙区の欠員を補充するため

の補欠選挙が行われる。

④　Bが刑に処せられ、連座制が適用された場合、Aの当選は無効となり、連座裁判確定の日から5年間県議会議員選挙への立候補が制限されるが、Aが立候補できないのは甲市選挙区だけである。

問59　不当利得に関する次の記述のうち、最も妥当でないものを1つ選びなさい。

①　弁済者が錯誤によって弁済期前に本来の弁済期限どおりの利息及び元本を弁済した場合には、弁済期までの利益及び元本の不当利得返還請求をすることができる。

②　弁済者が自らに債務のないことを知らずに弁済した場合には、不当利得返還請求をすることができる。

③　弁済者が不法の原因のために給付をした場合には、給付したものを不当利得返還請求することができない。

④　弁済者が不法の原因のために給付した場合、受領された給付の目的物の所有権は受領者が取得する。

問60　自治立法の罰則規定に関する次のア～エの記述につき、妥当なものを○、妥当でないものを×とする場合、その組合せとして正しいものを、①～④の中から1つ選びなさい。

> ア　条例違反者に対し5万円以下の過料を科す旨の規定を条例に定めることができるが、過料を科す手続は裁判所が行う。
> イ　条例違反者に対して科す懲役刑について、刑期の上限は地方自治法に定められていないので、法令で特別な定めがなくとも、各地方公共団体が条例において独自にこれを定めることができる。
> ウ　長の規則違反者に対しては、法令で特別な定めがなくとも、100万円以下の罰金を科する旨の規定を規則に定めることができる。
> エ　指導要綱に基づく行政指導に違反した者については、100万円以下の罰金を科する旨の規定を要綱に定めることができ、これによって行政指導に応じるよう誘導することは差し支えないと解されている。

①　ア：○　　イ：○　　ウ：○　　エ：○

②　ア：○　　イ：○　　ウ：○　　エ：×

③　ア：×　　イ：×　　ウ：×　　エ：○

④　ア：×　　イ：×　　ウ：×　　エ：×

問61　債権と債務に関する次の記述のうち、妥当なものを1つ選びなさい。

①　利息を生ずべき債権の法定利率は、年5％である。

②　債務不履行の場合、損害賠償の範囲についての規定はなく、裁判官が妥当な範囲を自由に決定

する。

③ 債務者が任意に債務を履行しない場合、債権者は履行の強制を裁判所に請求することができる。

④ 同じ内容の債権が複数成立することはない。

問62 行政機関の保有する情報の公開に関する法律についての次の記述のうち、妥当なものを1つ選びなさい。

① 決裁前の文書は、未確定のものであるから、開示請求の対象となる行政文書にあたらない。

② 外国に居住する外国人には、行政文書の開示請求権は認められない。

③ 行政機関の長は、開示請求に係る文書に不開示情報が記録されている場合であっても、公益上特に必要があるときは、開示することができる。

④ 開示請求を受けた行政機関の長は、開示請求に係る行政文書が存在しない場合は、開示又は不開示の決定をして開示請求者に通知する必要はない。

問63 Y村の村長Aは、XがY村で計画する工場建設に対して、好意的な態度を示していた。そこで、Xは、用地を取得して整地工事を行うとともに、機械設備を発注した。ところが、その後の村長選挙で、工場誘致反対派のBが当選したため、Xは、Y村の協力が得られなくなり、工場建設を断念した。この事例に関する次の記述のうち、最高裁判所の判例に照らし、最も妥当なものを1つ選びなさい。

① Y村がXに対し工場建設を促す具体的な勧告ないし勧誘をしたとまで認められなくても、Y村がXとの信頼関係を不当に破壊したことによる損害賠償責任が生じる可能性がある。

② 用地の確保・整備、機械の発注等によりXが被った積極的損害をY村が補償した場合であっても、工場の操業によってXが得られたと見込まれる利益について、Y村がXとの信頼関係を不当に破壊したことによる損害賠償責任が生じる可能性がある。

③ Y村がXに対する協力拒否により社会観念上看過できない程度の積極的損害を生じさせ、その代償的措置を何ら講じないときは、それがやむをえない客観的事情による場合であっても、Y村がXとの信頼関係を不当に破壊したことによる損害賠償責任が生じる可能性がある。

④ XとY村との間で、Y村がXの工場建設に協力する旨の契約が締結されたとまでは認められなくても、Y村がXとの信頼関係を不当に破壊したことによる損害賠償責任が生じる可能性がある。

問64 特別法犯に関する次の記述のうち、妥当なものを1つ選びなさい。

① 公電磁的記録不正作出罪は、特別法犯である。

② 偽計業務妨害罪は、特別法犯である。

③ 事前収賄罪は、特別法犯である。

④ 検査忌避罪は、特別法犯である。

問65　地方公共団体の執行機関に関する次の記述のうち、妥当でないものを1つ選びなさい。

① 市町村は、執行機関である農業委員会を置かなければならない。

② 国は、政令で定めるところにより、地方公共団体の執行機関に附属機関を置かないこととすることができる。

③ 都道府県は、執行機関である内水面漁場管理委員会を置かなければならない。

④ 市町村は、執行機関の附属機関として自治紛争処理委員を置かなければならない。

問66　刑罰でないものが1つだけ含まれている組合せとして妥当なものを、①～④の中から1つ選びなさい。

① 拘留、科料、没収

② 懲役、過料、排除命令

③ 罰金、重加算税、改善命令

④ 死刑、禁錮、課徴金

問67　住民訴訟の免責制度に関する次の記述のうち、妥当でないものを1つ選びなさい。

① 地方公共団体は、条例を定めることによって（以下、これを「免責条例」という）、一定の場合に、当該地方公共団体の長の当該地方公共団体に対する損害を賠償する責任を、長の職責その他の事情を考慮して政令で定める基準を参酌して、政令で定める額以上で免責条例によって定める額を控除して得た額について免除することができる。

② 免責条例による免責が認められるのは、地方公共団体の長が職務を行うにつき善意でかつ重大な過失がない場合である。

③ 地方公共団体の議会は、免責条例の制定又は改廃に関する議決をしたときは議決後直ちに監査委員の意見を聴かなければならない。

④ 住民訴訟の対象とされている損害賠償請求権を放棄する旨の議決の違法性を判断する場合には、公金の支出等の財務会計行為等の性質、内容等については、その違法事由の性格や当該職員又は当該支出等を受けた者の帰責性等が考慮の対象とされるとするのが判例の立場である。

問68　選挙に関する次の記述のうち、妥当なものを1つ選びなさい。

① 衆議院議員総選挙及び参議院議員通常選挙の選挙期日は、天皇が国事行為として告示し、衆議院議員及び参議院議員の補欠選挙の選挙期日は、当該選挙に関する事務を管理する選挙管理委員会が公示する。

② 選挙人名簿はすべての選挙に共通して用いられるが、登録された市町村から転出した場合、直ちに名簿から抹消される。

③ 選挙の当日、旅行や出張などで投票することのできない者は、選挙人名簿登録地の市町村選挙管理委員会で、選挙期日の公示日又は告示日の翌日から選挙期日の前日までの間、不在者投票を行うことができる。

④　一般有権者は、ラインやツイッターなどのＳＮＳ（ソーシャル・ネットワーキング・サービス）を用いて選挙運動を行うことができるが、電子メールを用いた選挙運動を行うことは許されていない。

問69　民事の裁判手続に関する次の記述のうち、妥当でないものを１つ選びなさい。

①　消費者裁判手続は、多数の消費者に生じた被害の集団的回復のため、特定適格消費者団体が、事業者に訴えを提起して事業者から消費者に生じた損害及び被害者の懲罰的慰謝料をも賠償させ、これによって取得した損害金を個別の被害者に分配して、消費者の権利の回復を図る制度である。

②　訴訟の目的の価額が少額の金銭の支払いの請求を目的とする訴えについて、原則１回の期日で審理を終了する訴訟を簡易裁判所に提起することができる。

③　一定の重要な刑事被告事件に関し、刑事訴訟手続に付随して、刑事被告事件を担当し有罪判決を行った裁判所が、民事の損害賠償についての審理を行って損害賠償を被告人に命ずる裁判手続が認められている。

④　簡易裁判所が第一審裁判所となった場合、上級審に関しては、地方裁判所に控訴を提起し、高等裁判所に上告を提起することになる。

問70　法の下の平等に関する次の記述のうち、憲法14条１項に直接違反するとされたものはどれか、最高裁判所の判例に照らして最も妥当なものを、①～④の中から１つ選びなさい。

①　尊属に対する傷害致死を通常の傷害致死よりも重い「無期又は３年以上の懲役に処す」ことを定める刑法の規定

②　女性についてのみ６ヶ月の再婚禁止期間を設ける民法の規定のうち、100日を超えて再婚禁止期間を設ける部分

③　男子の定年年齢を60歳、女子の定年年齢を55歳と規定する株式会社の就業規則のうち、女子の定年年齢を男子より低く定めた部分

④　夫婦が婚姻の際に定めるところに従い夫又は妻の氏を称することを定める民法の規定

第2節　解答と解説

<問1> **1**

〔正解〕②（配点15点）

〔解説〕この問題は、憲法分野からの出題である。民主主義の見地からすれば、国民の権利義務に直接関わらない事項でも、国政の重大な問題については議会に諮るべきであるから、①は妥当でない。法律の優位の原則からすれば、法律が命令に必ず優先するから、②は妥当である。法律事項についても、委任立法は認められているから、③は妥当でない。法律の留保は、元々行政権との対抗において自由主義の観点から形成されたものであるから、④は妥当でない。（基本法務テキスト34～35頁）

<問2> **3**

〔正解〕③（配点10点）

〔解説〕この問題は、地方自治法の公の施設分野からの出題である。地方自治法は、「普通地方公共団体は、公の施設の設置の目的を効果的に達成するため必要があると認めるときは、条例の定めるところにより、法人その他の団体であつて当該普通地方公共団体が指定するもの（以下……「指定管理者」という。）に、当該公の施設の管理を行わせることができる。」（244条の2第3項）と定める。したがって、③が正しい。（基本法務テキスト253～255頁）

<問3> **3**

〔正解〕④（配点15点）

〔解説〕この問題は、地方自治法の財務分野からの出題である。地方自治法が、会計年度独立の原則を定めていることはたしかである（208条2項）。しかし、例えば、予算に定める繰越明許費（地方自治法215条3号）のように、当該原則の例外となるものもまた地方自治法は認めている。したがって、①は妥当でない。地方公共団体の会計は、一般会計及び特別会計とされ（同法209条1項）、特別会計は、地方公共団体が特定の事業を行う場合その他特定の歳入をもって特定の歳出に充て一般の歳入歳出と区分して経理する必要がある場合において、条例でこれを設置することを地方自治法は認めている（209条2項）。したがって、②は妥当でない。予算の調製は、地方公共団体の長の専権事項とされているが（地方自治法149条2号）、例えば、教育に関する事務に係る歳入歳出予算を作成する場合には、教育委員会の意見を聴取することが法律上義務付けられている（地方教育行政の組織及び運営に関する法律29条）。したがって、③は妥当でない。予算の執行は、地方公共団体の長の専権事項とされている（地方自治法149条2号）とともに、長は、政令で定める基準に従って予算の執行に関する手続を定め、これに従って予算を執行しなければならない（同法220条1項）。したがって、④は妥当である。（基本法務テキスト238～240頁）

<問4> **3**

〔正解〕③（配点25点）

〔解説〕この問題は、地方自治法の直接請求分野からの出題であり、地方公共団体の長の解職請求

に関する手続を問う問題である。①は、地方自治法81条１項の内容であり、妥当である。②は、地方自治法81条２項によって準用された同法74条６項３号により、仮にＡがＢ県の選挙管理委員会の職員であれば、本件解職請求の代表者となることはできないため、妥当である。③は、地方自治法施行令116条によって準用された同令92条３項によると、署名を収集する期間は２ヶ月であり、妥当ではない。④は、地方自治法81条２項によって準用された同法76条２項・３項の内容であり、妥当である。（基本法務テキスト203～208頁）

＜問５＞ ②

〔正解〕②（配点15点）

〔解説〕この問題は、行政法の行政救済法分野からの出題である。抗告訴訟は、公権力の行使に関する不服の訴えのことであり、取消訴訟、無効等確認訴訟、不作為の違法確認訴訟、義務付け訴訟、差止訴訟を法定の抗告訴訟としている（行政事件訴訟法３条１項～７項）。行政事件訴訟法は、抗告訴訟のうち、取消訴訟について規定を詳細に設けており、他の抗告訴訟にはそれらの規定を準用している。したがって、行政事件訴訟法は取消訴訟に中心的な位置付けを与えていると解される。以上によれば、①③④は妥当であり、②が妥当でない。（基本法務テキスト136～139，154頁）

＜問６＞ ①

〔正解〕③（配点10点）

〔解説〕この問題は憲法分野からの出題である。①については最大判昭47・11・22刑集26巻９号586頁を、②については最判平27・３・27民集69巻２号419頁を、④については最大判昭43・11・27刑集22巻12号1402頁を、それぞれ参照。他方、財産権に対する制約が憲法に違反するかどうかが問題となった判例はいくつもあり、実際に違憲判決が下されたこともある（参照、最大判昭62・４・22民集41巻３号408頁）。したがって、妥当でないものは③である。（基本法務テキスト71～73頁）

＜問７＞ ⑤

〔正解〕①（配点15点）

〔解説〕この問題は、刑法分野からの出題である。刑法は、公文書と私文書とで区別するとき、及び有印と無印で区別するときは、信用に対する要保護性の高さ、信用に対する侵害の程度の違いに応じて、刑の重さを変えて規定しているが、偽造と変造、偽造と行使とでは、信用に対する侵害の程度は基本的に同じとみて、同一の刑を定めている。したがって、②は妥当でなく、③、④も妥当でないが、①は妥当である。（基本法務テキスト427頁）

＜問８＞ ②

〔正解〕②（配点10点）

〔解説〕この問題は、行政法の行政救済法分野からの出題である。行政上の強制執行や即時強制などの権力的な事実行為も、行政事件訴訟法３条２項の公権力の行使にあたると解されているので、①は妥当でない。申請拒否処分は処分の典型であり、③は妥当でない。条例制定行為の中に

は、処分と同様の性質を有するものがあり、公権力の行使として捉えうるものがある（最判平21・11・26民集63巻9号2124頁）。したがって、④も妥当でない。行政手続法上の「行政指導」には、処分にあたるものが含まれていないので（行政手続法2条6号）、行政事件訴訟法3条2項の公権力の行使にはあたらない。したがって、②は妥当である。（基本法務テキスト139〜140頁）

＜問9＞ 1

〔正解〕④（配点10点）

〔解説〕この問題は、憲法分野からの出題である。中央集権制度の下でも地方政府への権限配分は妨げられないから、①は妥当でない。憲法は、住民自治を前提としつつも、地方議会の設置を予定しているから（憲法93条1項）、②は妥当でない。地方公共団体は自主組織権を有するが、保健所等の設置を法律で定めることは許されるから、③は妥当でない。憲法は、基礎的な地方公共団体と広域の地方公共団体の二層制を予定していることから、④は妥当である。（基本法務テキスト49〜54頁）

＜問10＞ 5

〔正解〕②（配点25点）

〔解説〕この問題は、刑法分野からの出題である。事例で成立するのは、加重収賄罪と業務上横領罪である。収賄に関しては、受託収賄後に業務上不正な行為を行っているので、受託収賄罪にとどまらず加重収賄罪が成立するため、法条競合により、受託収賄罪は適用されない。横領と背任とに関して、特別関係と把握する見解では、背任罪の構成要件も充たしているが、業務上横領罪が成立すると、同じく背任罪は適用されない。権限の逸脱と濫用で横領罪と背任罪を区別する見解でも、補充関係なので、背任罪は成立せず業務上横領罪が成立するため、同様である。帳簿には記載されていないので、公文書の偽造も不実記載もない。私文書は事例中に登場してこない。したがって、①は業務上横領罪だけ、④は加重収賄罪だけが成立し、③はどれも成立せず、それぞれ妥当でなく、加重収賄罪と業務上横領罪の2つが成立する②が最も妥当である。（基本法務テキスト429〜432頁）

＜問11＞ 4

〔正解〕②（配点15点）

〔解説〕この問題は、民法の債権と債務分野からの出題である。将来生じる損害について現在賠償金を受け取る場合には、早く賠償金を受け取る結果、債権者は利息分を多く受け取ることになるので、中間利息の控除として利息分が減額される（民法417条の2）。①は利息分を加えるとしており、妥当でない。支出した費用だけでなく、得べかりし利益も損害賠償の対象となるので、②は妥当である。損益相殺とは、債権者が債務不履行によって利益を得た場合にその額を賠償額から減額する制度である。③は相殺の説明であって、妥当でない。債務の不履行や損害の発生・拡大に関して債権者に過失があった場合、賠償額が減額される（民法418条）。④は損害の拡大の場合に債権者に過失があっても賠償額が減額されないとしているので、妥当でない。以上から、正解は②となる。（基本法務テキスト331頁）

<問12> ④

〔正解〕④（配点15点）

〔解説〕この問題は、民法総則の諸制度分野からの出題である。成年後見の3類型（後見、保佐、補助）の開始の審判があった場合には、従来の禁治産・準禁治産宣告と異なり、戸籍に記載されることはなくなったため、①は妥当である。成年後見の3類型（後見、保佐、補助）の開始の審判があった場合には、法務局で管理する後見登記等ファイルに成年後見登記がなされる（後見登記等に関する法律4条1項）ので、②は妥当である。成年後見制度の利用の促進に関する法律を受けて、成年被後見人や被保佐人が欠格事由となっていた諸制度の見直しが行われ、例えば、会社の取締役については、成年被後見人や被保佐人が資格の欠格事由ではなくなった（会社法331条1項2号の削除）ため、③は妥当である。成年後見制度の利用の促進に関する法律が制定され、成年後見制度の利用促進のための施策の策定、実施について国の責務（成年後見制度の利用の促進に関する法律4条）のみならず、地方公共団体の責務も定められた（同法5条）ので、④は妥当でない。したがって、正解は④である。（基本法務テキスト292〜294，296頁）

<問13> ④

〔正解〕④（配点15点）

〔解説〕この問題は、民法総則の諸制度分野からの出題である。債権は、債権者がその権利を行使することができることを知った時から5年間（主観的起算点）、又はその権利を行使することができる時から10年間（客観的起算点）、債権者が権利を行使しないで放置していると、時効によって消滅する（民法166条1項）。債権又は所有権以外の財産権は20年の消滅時効にかかるが（同条2項）、所有権は消滅時効にかからない。したがって、①は妥当でない。時効の完成猶予とは、時効の進行中に、そのまま時効を進行させるのは妥当でない一定の事情が発生した場合に、時効の完成を延期するものであり、それまでに経過した期間を無意味なものとはしないことをいう。これに対して、時効の更新とは、それまで進んでいた時効期間がすべて意味を失い、新しい時効が進行することをいう。したがって、②は妥当でない。公有地については、他人が長年所有するつもりで占有していても、取得時効は適用されないのが原則である。もっとも、埋立地が長年にわたり事実上公の目的に使用されることもなく放置され、公共用財産としての形態、機能を完全に喪失し、その上に他人の平穏かつ公然の占有が継続したが、そのため実際上公の目的が害されるようなこともなく、これを公共用財産として維持すべき理由がなくなった場合には、取得時効の対象となる（最判平17・12・16民集59巻10号2931頁）。したがって、③は妥当でない。時効は、当事者が援用しなければ、裁判所がこれによって裁判をすることができない（民法145条）。条文上、消滅時効を援用できる者として、「保証人、物上保証人、第三取得者その他権利の消滅について正当な利益を有する者」（民法145条括弧書き）が例示されており、物上保証人も時効の援用権者に含まれる。したがって、④は妥当であり、正解となる。（基本法務テキスト301〜305頁）

<問14> ③

〔正解〕②（配点10点）

〔解説〕この問題は、地方自治法の地方公務員分野からの出題である。職員が、地方公務員法若しくは同法57条に基づく特例法又はこれに基づく条例等に違反した場合、職務上の義務に違反し又

は職務を怠った場合、全体の奉仕者にふさわしくない非行のあった場合に、地方公務員法は、懲戒処分をすることができると定めている（地方公務員法29条１項１～３号）。懲戒処分の内容は、同条項において、免職、停職、減給、戒告の４種が定められており、降任処分をすることはできない（降任は分限処分の１つである）。したがって、②が妥当でない。（基本法務テキスト231頁）

<問15> 4

〔正解〕③（配点10点）

〔解説〕この問題は、民法総則の諸制度分野からの出題である。民法は、住所に関する規定を置き、住所を定義して「各人の生活の本拠」である場所としている（22条）ことから、①及び②は妥当である。民法は、「各人の生活の本拠」である場所を住所としており、生活の痕跡が一部でも認められれば足りるとしているのではないため、③は妥当でない。民法が規定する住所の概念（22条以下）は、例えば、住民基本台帳法の住所も「各人の生活の本拠」のことをいうなど、他の法律においても使われる共通概念であるから、④は妥当である。したがって、正解は③である。（基本法務テキスト291，296頁）

<問16> 4

〔正解〕④（配点25点）

〔解説〕この問題は、民法総則の諸制度分野からの出題である。表意者が表示行為に対応する真意のないことを知りながら行う意思表示（心裡留保）は、相手方Bが表意者Aの真意について善意無過失のときは有効であるが、相手方Bが表意者Aの真意を知り又は知ることができたときには無効である（民法93条１項）。よって、①は妥当である。相手方と通謀して行う真意でない意思表示（虚偽表示）は原則として無効である（民法94条１項）が、善意の第三者に対しては無効を対抗できない（同条２項）。したがって、Aは、善意のDに対して自己の所有権を対抗できない。よって、②は妥当である。詐欺により意思表示を行った表意者は、その意思表示を取り消すことができる（民法96条１項）。しかし、詐欺による取消し後に不動産を取得した第三者が登場した場合、判例は、民法96条３項を適用せず、取消しによるBからAへの復帰的物権変動とBからCへの物権変動を二重譲渡類似の関係にあるとみて、民法177条により先に登記を備えたものが優先するとしている（大判昭17・9・30民集21巻911頁）。したがって、Aよりも先に登記を備えたCは、不動産の所有権をAに対抗できる。よって、③は妥当である。強迫により意思表示をした者は、強迫に基づく売買契約を取り消すことができる（民法96条１項）。そして、詐欺の場合と異なり、強迫の場合には第三者保護規定がないことから（同条３項参照）、Aは、取消し前に利害関係に入ったCに対して、自己の所有権を主張することができる。よって、④は妥当でない。以上より、妥当でないものは④であり、④が正解となる。（基本法務テキスト297～299頁）

<問17> 3

〔正解〕③（配点15点）

〔解説〕この問題は、地方自治法の監査と住民訴訟分野からの出題である。①は、地方自治法242条４項に則した内容であり、妥当である。②は、地方自治法242条10項に関する内容であり、妥当である。③は、2002年改正以前の１号請求の要件であり、妥当ではない。現行法では、地方自治

法242条の2第6項の要件に変わっている。④は、地方自治法242条2項に関する内容であり妥当である。（基本法務テキスト256〜265頁）

<問18> 4

〔正解〕①（配点10点）

〔解説〕この問題は、民法の事務管理・不当利得分野からの出題である。事務管理の要件として、法律上の義務がないことが必要である（民法697条1項）ので、管理を開始する法的義務がある場合、事務管理は成立しない。よって、①は妥当である。明文はないが、事務管理の要件として、本人の意思や利益に反しないことが必要であるため、本人の意思に反した場合や本人の利益に反した場合は、事務管理は成立しない。よって、②及び④は妥当でない。事務管理の要件として、他人の事務の管理をする必要がある（民法697条1項）ので、自己の事務を行う場合、事務管理は成立しない。よって、③は妥当でない。したがって、正解は①である。（基本法務テキスト364，365，367頁）

<問19> 3

〔正解〕④（配点25点）

〔解説〕この問題は、地方自治法の国又は都道府県の関与分野からの出題である。感染症の予防及び感染症の患者に対する医療に関する法律（以下、「法」という）15条1項は、都道府県知事に対し、所定の事務を実施する権限を与える規定であり、必ずしも事務の実施を義務付けるものではない。したがって、①は妥当でない。法15条2項は、厚生労働大臣に対し、いわゆる並行権限（基本法務テキスト273頁）の行使を認める規定であり、代執行権限を与えるものではない。したがって、②は妥当でなく、④は妥当である。法15条2項に基づく厚生労働大臣の権限行使が、地方自治法245条3号にいう3号関与（基本法務テキスト267頁）にあたる場合には、国地方係争処理制度の対象となるが、都道府県知事は国地方係争処理委員会への審査申出を経た上で裁判所に出訴することになる。したがって、③は妥当でない。

<問20> 5

〔正解〕①（配点10点）

〔解説〕この問題は、刑法分野からの出題である。設問の事例は、同一構成要件内の錯誤である具体的事実の錯誤のうちの、客体の錯誤である。したがって、④は妥当でなく①は妥当である。方法の錯誤は、打撃の錯誤ともよばれるが、狙ったAには当たらず別のBに当たってBが死んだときの錯誤である。したがって、②及び③は妥当でない。（基本法務テキスト410〜411頁）

<問21> 3

〔正解〕④（配点15点）

〔解説〕この問題は、地方自治法の議会分野からの出題である。①は、地方自治法94条の定めるところであり、妥当である。②は、地方自治法102条の2第1項の定めるところであり、妥当である。③は、憲法93条2項の定めるところであり、妥当である。憲法93条1項は、地方公共団体には、法律の定めるところにより、その議事機関として議会を設置すると定めており、④は妥当でない。

（基本法務テキスト213，217頁）

<問22> 3

〔正解〕④（配点10点）

〔解説〕この問題は、地方自治法の執行機関及びその他の組織分野からの出題である。①は、地方自治法138条の3第3項、②は、同条2項、③は、同条1項の定めるところであり、いずれも妥当である。④については、地方自治法138条の4第1項によれば、執行機関を条例に基づいて設置することは認められておらず、妥当でない。（基本法務テキスト216，222〜224，227頁）

<問23> 4

〔正解〕③（配点15点）

〔解説〕この問題は、民法の親族・相続分野からの出題である。自筆証書遺言は、遺言の全文・日付・氏名を自書し、押印することによって成立するが、添付目録は、自筆の必要はない（民法968条1項・2項）。①は、全文の自書という点と押印が不要という点で誤っているので、妥当でない。判例によれば、相続された預貯金債権も遺産分割の対象となる（最大決平28・12・19民集70巻8号2121頁）。したがって、②は妥当でない。もっとも、一定の範囲で各相続人が単独で払い戻すことは認められている（民法909条の2）。共同相続の後、遺産分割、遺言による相続分の指定、特定財産承継遺言（相続させる旨の遺言）によって法定相続分を超えて不動産等の財産を取得した場合、登記、登録その他の対抗要件を備えなければ第三者に対抗することはできない（民法899条の2第1項）。したがって、③は妥当である。被相続人の一身専属的な権利は相続の対象とならない（民法896条ただし書き）。親権は、身分関係に結びついた一身専属的な権利であるから、相続の対象とならない。したがって、④は妥当でない。以上から、正解は③となる。（基本法務テキスト378〜379頁）

<問24> 2

〔正解〕③（配点25点）

〔解説〕この問題は、行政法の行政救済法分野からの出題である。平成16年の行政事件訴訟法改正により、将来の不利益処分の予防を目的とする事前救済の争訟方法として法定されたのは差止めの訴えであるから、イには「差止め」が入り、ウには「義務付け」が入ることになる。本判決は、不利益処分の予防を目的とした当該職務命令に基づく公的義務の不存在の確認を求める訴えを差止めの訴えと同質のものとみていることから、アには「無名抗告」が入る。したがって、③が正しい。

<問25> 3

〔正解〕④（配点10点）

〔解説〕この問題は、地方自治法の自治立法分野からの出題である。条例制定権の憲法上の根拠として、憲法94条及び92条があげられる。条例で財産権を制限することは違憲であると解されていない（最大判昭38・6・26刑集17巻5号521頁）。都道府県条例と市町村条例との間にも抵触問題は生じるものと解されている（地方自治法2条16項・17項参照）。上乗せ・横出し条例の制定を

明文化した法律として、大気汚染防止法4条1項、水質汚濁防止法29条などがある。したがって、妥当なものは④である。（基本法務テキスト177〜180，182，183頁）。

<問26> ④

〔正解〕③（配点15点）

〔解説〕この問題は、民法の物権分野からの出題である。構成部分の変動する集合動産についても、その種類、所在場所及び量的範囲を指定するなど何らかの方法で目的物の範囲が特定される場合には、一個の集合物として譲渡担保の目的となりうる（最判昭54・2・15民集33巻1号51頁）。したがって、①は妥当でない。所有権移転の形式をとっている動産譲渡担保の対抗要件は、引渡しである（民法178条）。多くの場合、譲渡担保設定者が担保物を使い続けることができるように、占有改定（民法183条）の方法で行われている。したがって、債権者が占有改定により間接占有権を取得したときは、債権者はその所有権取得を第三者に対抗できる（最判昭30・6・2民集9巻7号855頁）。したがって、②は妥当でない。債権者が譲渡担保権を実行した場合、譲渡担保の目的物の価額から被担保債権額を差し引き、なお残額があるときは、これを清算金として債務者に支払うこと（清算義務）を要する（最判昭46・3・25民集25巻2号208頁）。したがって、③は妥当である。所有権留保とは、売買代金の支払前に売主が買主に目的物を引き渡すが、代金が支払われるまでは目的物の所有権は売主に留保する非典型担保である。したがって、④は妥当でない。よって、正解は③となる。（基本法務テキスト324〜325頁）

<問27> ①

〔正解〕③（配点15点）

〔解説〕この問題は、憲法分野からの出題である。最判平7・2・28民集49巻2号639頁によれば、憲法93条2項にいう「住民」とは、地方公共団体の区域内に住所を有する日本国民を意味するとされているから、③が妥当であり、在留外国人もこれに含まれるとする①②は妥当ではない。また、同判決によれば、在留する外国人のうちでも「その居住する区域の地方公共団体と特段に密接な関係を持つに至った」者について地方参政権を付与するかは立法政策の問題としているが、「外国人一般」に対してそうは述べていないから、④は妥当でない。（基本法務テキスト55頁）

<問28> 序

〔正解〕③（配点15点）

〔解説〕この問題は、序章からの出題である。内閣総理大臣が休校要請をするための要件効果を定めた法律の規定はないし、そもそも内閣総理大臣の所掌事務でもないので、①は妥当である。新型インフルエンザ等緊急事態措置に係る都道府県知事の権限として、新型インフルエンザ等対策特別措置法45条1項は、外出自粛要請ができる旨の定めをおいているので、②も妥当である。休業要請に従って休業したことに伴う損失は、憲法上補償が必要な特別の損害にはあたらないので、なんらかの政策的な見地から補償をすることはあっても、憲法上補償が必要であるとはいえず、③は妥当でない。休業指示に従った場合も同様と解される。なお、2021年2月の法改正により、一定の場合に休業等の命令ができるようになったが、この場合も補償は憲法的な要請ではないと解するのが妥当だろう。いわゆる持続化給付金は、これを定める法律があるわけではないの

で、④は妥当である。（基本法務テキスト15〜16頁）

<問29> ④

〔正解〕③（配点10点）

〔解説〕この問題は、民法の物権分野からの出題である。所有権とは、「法令の制限内において、自由にその所有物の使用、収益及び処分をする権利」（民法206条）をいう。したがって、①は妥当である。地役権とは、設定行為で定めた目的に従って、他人の土地を自己の土地の便益に供することができる権利のことである（民法280条）。例えば、自己の土地の便益のため、他人の土地を通行目的で使用する権利である。したがって、②は妥当である。抵当権とは、債権の担保として債務者又は第三者が占有を移転しないで債務の担保に供した不動産について、他の債権者に先立って自己の債権の弁済を受ける権利をいう（民法369条1項）。③の記述は、質権の記述なので、妥当でない。地上権とは、工作物又は竹木を所有するために、他人の土地を使用することを内容とする権利をいう（民法265条）。したがって、④は妥当である。以上より、妥当でないものは、③であり、③が正解となる。（基本法務テキスト318〜321，326〜327頁）

<問30> ④

〔正解〕②（配点25点）

〔解説〕この問題は、民法の不法行為分野からの出題である。設例では、保育園児らの隊列を監督していた保育士Ζの注意義務違反が問題となる可能性があり、保育士Ζに不法行為が成立する場合には、その使用者であるA保育園に使用者責任が生じる可能性があるが、そもそも、保育士Ζが不法行為に基づく損害賠償義務を負わない場合、A保育園の使用者責任は成立しない。よって、①は妥当である。設例では、Xにトラックを衝突させた従業員Wの注意義務違反が問題となる可能性があり、従業員Wに不法行為が成立する場合には、その使用者であるB建設に使用者責任（民法715条1項本文）が生じる可能性があり、B建設に当該使用者責任に基づく損害賠償義務が発生しても、Wの不法行為責任が成立しないものではないから、②は妥当でない。不法行為に基づく損害賠償額について、被害者に過失があったときは、過失相殺されるが、被害者の過失が認められるためには、当該被害者に事理弁識能力が必要であるとされる。当該事理弁識能力は、大体、5、6歳で備わるとされており、3歳の子供には事理弁識能力がないとされる。そのため、3歳であるX自身の過失は過失相殺の対象にならない。また、判例上、「被害者本人と身分上、生活観念上、一体をなすとみられるような関係にある者」（最判昭42・6・27民集21巻6号1507頁）については、被害者側の過失と判断され、過失相殺されることがあるが、保育園の保母の過失は身分上ないしは生活関係上一体をなすとはみられない（前掲最判昭42・6・27）ため、保育士Ζの過失も問題とならないので、③は妥当である。そして、Xの手を離した親Yの過失については、被害者側の過失として斟酌することができ（最判昭44・2・28民集23巻2号525頁）、認容されるXの損害賠償額に影響するので、④は妥当である。したがって、正解は②である。（基本法務テキスト368〜373頁）

<問31> 3

〔正解〕② (配点15点)

〔解説〕この問題は、地方自治法の地方公共団体の協力方式分野からの出題である。地方自治法は、「普通地方公共団体の長又は委員会若しくは委員は、法律に特別の定めがあるものを除くほか、当該普通地方公共団体の事務の処理のため特別の必要があると認めるときは、他の普通地方公共団体の長又は委員会若しくは委員に対し、当該普通地方公共団体の職員の派遣を求めることができる。」と定めており（252条の17第1項）、委員会又は委員が他の地方公共団体の職員の派遣を求める場合、当該委員会又は委員に対応する当該他の地方公共団体の委員会又は委員にその求めを行うものと解されている（松本英昭『新版　逐条地方自治法〔第9次改訂版〕』（学陽書房、2017年）1344頁）。したがって、①は妥当でない。委員会又は委員が他の地方公共団体の職員の派遣を求める場合、当該委員会又は委員は、その属する当該地方公共団体の長とあらかじめ協議を行い、かつ、その協議が調っていることが必要であると考えられている（基本法務テキスト287頁、松本・前掲書1345頁）。よって、②は妥当である。派遣される職員の給与は、派遣先、つまり、派遣を受けた地方公共団体の負担となるとされているが、その職員としての身分については、派遣元の地方公共団体における職員の身分を失うものとはされておらず、派遣先の地方公共団体の身分をあわせ有するものとされている（地方自治法252条の17第2項本文）。したがって、③は妥当でない。地方自治法は、「第二項に規定するもののほか、第一項の規定に基づき派遣された職員の身分取扱いに関しては、当該職員の派遣をした普通地方公共団体の職員に関する法令の規定の適用があるものとする。ただし、当該法令の趣旨に反しない範囲内で政令で特別の定めをすることができる。」（252条の17第4項）と定めており、派遣された職員の身分取扱いに関しては、派遣元の地方公共団体の職員に関する法令の規定の適用があることが原則とされている。したがって、④は妥当でない。（基本法務テキスト287頁）

<問32> 1

〔正解〕③ (配点15点)

〔解説〕この問題は、憲法分野からの出題である。従来、最高裁は、地方議会における議員の除名と出席停止を区別し、前者が「議員の身分の喪失に関する重大事項で、単なる内部規律の問題に止らない」のに対して、後者が「議員の権利行使の一時的制限に過ぎない」ことを理由に、「前者を司法裁判権に服させても、後者については別途に考慮し、これを司法裁判権の対象から除き、当該自治団体の自治的措置に委ねるを適当とする」としていた（最大判昭35・10・19民集14巻12号2633頁）。しかし、近時になって判例が変更され、「出席停止の懲罰は、……公選の議員に対し、議会がその権能において科する処分であり、……議事に参与して議決に加わるなどの議員としての中核的な活動をすることができず、住民の負託を受けた議員としての責務を十分に果たすことができなくなる。このような出席停止の懲罰の性質や議員活動に対する制約の程度に照らすと、これが議員の権利行使の一時的制限にすぎないものとして、その適否が専ら議会の自主的、自律的な解決に委ねられるべきであるということはできない。そうすると、出席停止の懲罰は、議会の自律的な権能に基づいてされたものとして、議会に一定の裁量が認められるべきであるものの、裁判所は、常にその適否を判断することができるというべきである。」と判示されるに至った（最大判令2・11・25判時2476号5頁）。（基本法務テキスト46頁）

<問33> 3

〔正解〕④（配点15点）

〔解説〕この問題は、地方自治法の国又は都道府県の関与分野からの出題である。A　国地方係争処理委員会の（勧告）を受けた国の行政庁は、（勧告）に則して必要な措置を講ずるとともにその旨を国地方係争処理委員会に通知しなければならず、（勧告）は（実質的拘束力がある）（基本法務テキスト275頁）。B　総務大臣の告示は、国による指定の基準を定めるものであるから、（関与法定主義）に鑑みても、その策定には法律上の根拠を要する（基本法務テキスト267，279頁）。C　告示は、改正規定の施行前における返礼品の提供の態様を理由に指定の対象外とされる場合があることを定めるものであるから、実質的には、（技術的助言への不服従を理由とした不利益な取扱い）を定める側面があることは否定し難い（基本法務テキスト272，279頁）。

<問34> 2

〔正解〕④（配点10点）

〔解説〕この問題は、行政法の行政作用法分野からの出題である。①及び②は、それぞれ行政処分の取消し及び撤回の説明として正しいから、妥当である。学問上の行政処分の撤回にあたる場合も、法令用語としては「取消し」の語が用いられることが多い（例えば、道路交通法103条1項5号に基づく運転免許の取消し）から、③は妥当である。判例（最判昭63・6・17判時1289号39頁）は、優生保護法14条1項（現在の母体保護法14条1項）により人工妊娠中絶を行いうる医師の指定を受けていたXが、違法な赤ちゃんあっせん行為を繰り返したとして、医師会Yから指定の取消し（撤回）を受けた事件（優生保護法には、指定取消しについての明文の規定はない）で、「法令上その撤回について直接明文の規定がなくとも、指定医師の指定の権限を付与されているYは、その権限においてXに対する右指定を撤回することができる」としているから、④は妥当でない。（基本法務テキスト112頁）

<問35> 1

〔正解〕④（配点10点）

〔解説〕この問題は、憲法分野からの出題である。問題文は、憲法制定権力について権力的契機とならんで正当性的契機の重要性を強調した、憲法学者・黒田覚の文章から採った。憲法問題調査委員会（いわゆる松本委員会）による憲法改正作業が頓挫した直後の、1946年2月20日に京都で行われた、一般向けの公開講座の講演録の一部である。設問の文章の後、「……国家権力の正当性の根拠としての国民の範囲と、国家権力の究極の行使者としての国民の範囲との間には、常に一定の距離がある。前者の国民はすべての国民を包含した一体的国民であるが、後者はその一部である。これをAktivburger——積極的国民——と呼ぶなら、積極的国民の範囲は、常に一体的国民の範囲と同一でない。一体的国民は、一体的国民としてはなんらの政治活動をもたない。政治活動の主体は常に積極的国民である。積極的国民と一体的国民との距離を縮めることを、どれほど要請しても、この距離を完全になくすることはできない。」と続く（黒田覚『憲法に於ける象徴と主権』（有斐閣、1946年）44頁）。黒田は、1935年の天皇機関説事件以降、講学上避けては通れない論点になった「国体」論を、憲法制定権力論によって合理化しようと試みたのであったが、如上の講演のなかでは、過渡期にあった天皇制を題材に、先見性のある解説を試みている。

この黒田説が、芦部信喜の論文「憲法制定権力」を通じて、戦後の標準学説になった。そこにいう正当性は、英語のlegitimacy（及び、これに相当する独仏語）の定訳であったが、現在では正統性と表記されることが多い。（基本法務テキスト25頁以下）

<問36> **3**

〔正解〕④（配点10点）

〔解説〕この問題は、地方自治法の地方公共団体の事務分野からの出題である。地方自治法2条9項1号は、「法律又はこれに基づく政令により都道府県、市町村又は特別区が処理することとされる事務」として、法定受託事務の処理の義務付けは法令によらなければならないこと、及び、法定受託事務は、地方公共団体が自らの事務として処理する地方公共団体の事務であることを定めている。したがって、①及び②は妥当である（基本法務テキスト173頁）。地方自治法2条9項1号は、第1号法定受託事務について「国が本来果たすべき役割に係るものであつて、国においてその適正な処理を特に確保する必要があるもの」と定めている。したがって、③は妥当である（基本法務テキスト173頁）。地方自治法は、法定受託事務について「法律又はこれに基づく政令に特に定めるもの」としているが（2条9項1号）、自治事務については「地方公共団体が処理する事務のうち、法定受託事務以外のものをいう」（同条8項）として控除方式で定義している。したがって、④は妥当でない（基本法務テキスト173頁）。

<問37> **1**

〔正解〕④（配点10点）

〔解説〕この問題は、憲法分野からの出題である。条例制定権は憲法を直接根拠として認められるものなので、①は妥当でない。横出し条例や上乗せ条例であっても、法律との間に矛盾抵触がなければ定められるので、②③は妥当でない。他方、④は憲法94条・地方自治法14条1項の定めるところであるから妥当である。（基本法務テキスト56～57，178頁）

<問38> **5**

〔正解〕①（配点15点）

〔解説〕この問題は、刑法分野からの出題である。公務執行妨害罪の要件である暴行は、直接公務員に対するものでなくても足り、執行の対象になった物に対する破壊にも認められているが、間接的にであれ、公務員に向けられたものでなければならない（最判昭37・1・23刑集16巻1号11頁）。したがって、①は妥当である。脅迫は、人を畏怖させるに足る害悪の告知で、困惑させるに足る程度では足りないから、②は妥当でない。公務執行妨害罪にあっても、法益は保護に値するものでなければならず、保護に値しない違法な職務の執行は排除されるから、権限に基づかないような重大な違法性を帯びた行為は公務員が行ったとしても保護されず、③は妥当でない。非権力的な公務に対する妨害は、暴行・脅迫に至らない程度であっても、威力業務妨害罪で保護されるが、暴行・脅迫の程度に至れば、公務執行妨害罪は成立すると考えるのが判例（最判昭35・3・1刑集14巻3号209頁）・通説であるから、④は妥当でない。（基本法務テキスト422～423頁）

＜問39＞ ②

〔正解〕③（配点15点）

〔解説〕この問題は、行政法の行政作用法分野からの出題である。行政手続法は、行政調査については規定していない（3条1項14号参照）から、①は妥当でない。行政庁は、申請の形式上の要件に適合しない申請については、補正を求めるか又は申請を拒否しなければならない（行政手続法7条）から、②は妥当でない。③は、行政手続法36条の3第1項により、妥当である。行政手続法37条は、形式上の要件に適合した届出が届出の提出先とされている事務所に到達したときに、届出をすべき手続上の義務が履行されたものとすると規定しており、行政機関の受理によって届出の法的効果が生ずるとはしていないから、④は妥当でない。（基本法務テキスト97〜98, 105, 112〜113頁）

＜問40＞ ③

〔正解〕①（配点10点）

〔解説〕この問題は、地方自治法の住民の権利義務分野からの出題であり、住民の権利につき基本的な知識を確認する問題である。①は、最判平20・10・3集民229号1頁の判示に適合しない記述であり、妥当ではない。②は、地方自治法10条1項が定める「住民」は日本国民であることを要件とはしていないため、妥当である。③は、地方自治法13条1項に即した記述であり、妥当である。④は、地方自治法10条1項の「住民」に関する記述であり、妥当である。（基本法務テキスト188〜194, 291頁）

＜問41＞ ③

〔正解〕②（配点15点）

〔解説〕この問題は、地方自治法の第1節からの出題である。広域連合の長は、選択肢①の記述にある場合に、構成地方公共団体に対して本肢のように勧告することができる（地方自治法291条の7第5項）。地方公共団体は、同一の種類の事務でなくても、相互に関連性のある事務であれば、一部事務組合を設立して共同処理することができ、これを複合的一部事務組合とよぶ（同法285条）。一部事務組合には議会が置かれるが、規約の定めるところにより、構成地方公共団体の議会をもって組織することが認められている（同法287条の2第1項）。これを特例一部事務組合とよぶ。財産区は法人格を有しているが、財産区の収入と支出は市町村（及び特別区）の収入・支出として扱われ、市町村はこれらについて会計を分別しなければならない（同294条3項）。したがって、妥当でないものは②である。（基本法務テキスト166〜168頁）

＜問42＞ ②

〔正解〕③（配点15点）

〔解説〕この問題は、行政法の行政作用法分野からの出題である。行政処分に重大かつ明白な瑕疵がある場合には無効となり、取消訴訟以外の訴訟で処分の違法無効を主張することができるから、①は妥当でない。行政処分の違法を理由とする国家賠償請求訴訟においては、原因行為たる処分の違法性は判断されるが、処分の効力の有無が判断されるわけではないから、処分の取消訴訟を提起しなくても、当該処分の違法を理由とする国賠訴訟請求は認められうる（最判昭36・4・

21民集15巻 4 号850頁参照）。したがって、②は妥当でない。行政処分について取消訴訟の出訴期間が経過して不可争力が生じた後においても、当該処分について訴訟で争えなくなるだけであって、当該処分をした行政庁が職権で当該処分を取り消すことは可能であるから、③は妥当である。自力執行力はあらゆる行政処分に当然に認められるわけではなく、行政上の強制執行を認める法律の根拠がある場合に限って認められるところ、行政上の間接強制（執行罰）を規定する法律は砂防法のみであり、一般には認められていないから、④は妥当でない。（基本法務テキスト103, 117頁）

<問43> **2**

〔正解〕② （配点25点）

〔解説〕この問題は、行政法の行政作用法分野からの出題である。①は、最判平23・6・7民集65巻 4 号2081頁（一級建築士免許取消事件。以下、「平成23年最判」という）が一般論として述べている基準であり、妥当である。平成23年最判は、処分基準を設定し公にすることが努力義務とされていることと、行政庁が処分基準を設定し公にしている場合に理由提示において当該処分基準の適用関係を示す必要があるか否かは別問題と解しており、②は妥当でない。平成23年最判の事案では、処分の根拠法令において処分の具体的基準が定められておらず、かつ、公にされている処分基準の内容がかなり複雑であることから、処分基準の適用関係が示されなければ、処分の名宛人において、いかなる理由に基づいてどのような処分基準の適用によって当該処分が選択されたのかを知ることは困難であるとして、処分基準の適用関係を示す必要があるとされている。このことから、③のように解することが可能であり、③は妥当である。平成23年最判は、当該免許取消処分は行政手続法に定める理由提示の要件を欠いた違法な処分であるとして、処分の内容を審査することなく処分を取り消しているから、④は妥当である。（基本法務テキスト107頁）

<問44> **3**

〔正解〕④ （配点10点）

〔解説〕この問題は、地方自治法の財務分野からの出題である。地方自治法は、「売買、貸借、請負その他の契約は、一般競争入札、指名競争入札、随意契約又はせり売りの方法により締結するものとする。」（234条 1 項）、「前項の指名競争入札、随意契約又はせり売りは、政令で定める場合に該当するときに限り、これによることができる。」（同条 2 項）と定める。したがって、④が正しい。（基本法務テキスト244頁）

<問45> **2**

〔正解〕③ （配点10点）

〔解説〕この問題は、行政法の行政救済法分野からの出題である。行政不服審査法 1 条 1 項は、「この法律は、行政庁の違法又は不当な処分その他公権力の行使に当たる行為に関し、国民が簡易迅速かつ公正な手続の下で広く行政庁に対する不服申立てをすることができるための制度を定めることにより、国民の権利利益の救済を図るとともに、行政の適正な運営を確保することを目的とする。」と定めている。したがって、①及び②は妥当でない。行政不服審査法は、原則として処分であれば同法に基づく不服申立ての対象となる旨を明らかにしており（ 2 条、 7 条）、行政規

則は対象とはしていない。したがって、③は妥当であり、④は妥当でない。（基本法務テキスト126〜127，154頁）

<問46> **3**

〔正解〕④（配点15点）

〔解説〕この問題は、地方自治法の地方公務員分野からの出題である。公務員の勤務関係の消滅事由としては、懲戒処分又は分限処分としての免職のほか、辞職と、当然離職とがある。辞職、すなわち本人の退職願による離職は一般に依願退職とよばれる。しかし公務員の場合には、本人が退職したいという意思表示を示すだけで当然に離職が認められるのではなく、任命権者による承認（処分）が必要と解されている。地方公務員の勤務関係は行政処分によって成立・変動するので、依願退職の場合も同様に解する必要があるからである。したがって、④が妥当でない。当然離職としては、欠格事由に該当することとなった場合（地方公務員法28条4項）のほか、職員が条例で定める定年に達した場合などがある（同法28条の2第1項）。（基本法務テキスト229〜230頁）

<問47> **2**

〔正解〕①（配点15点）

〔解説〕この問題は、行政法の行政組織法分野からの出題である。訓令権は、上級機関が所管の機関・職員に対し、命令・指示する権限のことであり、通達の発出がその例である。したがって、①が妥当である。国家公務員法98条1項及び地方公務員法32条により、公務員は上司の職務上の命令に従う義務を負うとされているので、②は妥当でない。訓令はあくまで行政機関に対して発せられるものであり、私人は訓令に従う義務を直接負わないから、④も妥当でない。内閣府設置法7条6項や国家行政組織法14条2項のように、訓令権が法定されている場合もあるが、法定されていなくとも、上級機関は、その所掌事務について指揮権に基づいて訓令権を行使できると解されている。したがって、③は妥当ではない。（基本法務テキスト92頁）

<問48> **3**

〔正解〕①（配点10点）

〔解説〕この問題は、地方自治法の「地方自治の基本原理と地方公共団体」分野からの出題である。総合区は、指定都市の設置される行政区の一形態として2014年地方自治法改正で新たに導入されたものであり、地方公共団体ではない。広域連合には議会が置かれ、議員については広域連合の規約の定めるところにより、広域連合の選挙人の投票により、又は構成地方公共団体の議会において選挙する（地方自治法291条の5第1項）。一部事務組合にも議会が置かれる（同法287条以下）。平成24年の大都市地域特別区設置法制定により、道府県においても特別区を設置することができるようになった。したがって、妥当でないものは①である。（基本法務テキスト164〜167頁）

<問49> **1**

〔正解〕③（配点25点）

〔解説〕この問題は、憲法分野からの出題である。地方特別法の制定に必要なのは住民投票におい

て過半数の同意を得ることであるから、①は妥当ではない。地方特別法は措置法律としての性格を有するが、憲法95条が一定の要件の下で制定を認めているから、②は妥当ではない。他方、地方特別法は、地方公共団体自体に適用される法律を意味しており、住民や地域に適用される法律はこれに含まれないから、③は妥当である。形式的に全国の地方公共団体に適用される法律であれば、地方特別法にはあたらないから、④は妥当でない。（基本法務テキスト58頁）

＜問50＞ 3

〔正解〕④（配点10点）

〔解説〕この問題は、地方自治法の議会分野からの出題である。①②は、地方自治法112条1項・3項に定めるところであり、妥当である。③は、地方自治法101条3項に定めるところであり、妥当である。議案提出に係る定数要件について、かつては8分の1以上であったが、地方議会の活性化等を目的として、現在は12分の1以上に緩和されている（地方自治法112条2項）。したがって、④は妥当でない。（基本法務テキスト211頁）

＜問51＞ 2

〔正解〕④（配点15点）

〔解説〕この問題は、行政法の行政救済法分野からの出題である。児童福祉法に基づく要保護児童に対する児童福祉施設の職員による養育監護行為について、当該事務の帰属する都道府県が「公共団体」として賠償責任を負うとした判例がある（最判平19・1・25民集61巻1号1頁）。②のケースについては、「客観的に職務執行の外形をそなえる行為」として国家賠償法の適用を認めた判例がある（最判昭31・11・30民集10巻11号1502頁）。公立学校における生徒間事故について、当該公立学校を設置している地方公共団体の国家賠償法上の賠償責任を認めた判例がある（最判昭58・2・18民集37巻1号101頁）。国家賠償法1条2項によれば、加害公務員が国や地方公共団体から求償権を行使される可能性はあるが、判例は、直接被害者に対して賠償責任を負うことはないとしている（最判昭30・4・19民集9巻5号534頁）。したがって、最も妥当でないのは④である。（基本法務テキスト149〜150頁）

＜問52＞ 4

〔正解〕②（配点15点）

〔解説〕この問題は、民法の契約（賃貸借）分野からの出題である。民法605条の2第3項によれば、不動産賃貸借において、賃貸人たる地位の移転は、賃貸不動産について所有権の移転の登記をしなければ、賃借人に対抗することができないので、①は妥当である。賃借人は賃借物について賃貸人の負担に属する必要費を支出したときは、賃貸人に対し直ちにその償還を請求することができるので（民法608条1項）、必要費に関する限り、②は妥当である。しかし、賃借人が賃借物について有益費を支出したときは、賃貸人は、賃貸借の終了のときに、その価格の増加が現存する場合に限り、賃貸人の選択に従い、賃借人の支出した金額又は増加額の償還をしなければならないので（民法608条2項）、有益費に関しては、②は妥当でない。民法621条によれば、賃借人は、賃借物を受け取った後にこれに生じた損傷（通常の使用及び収益によって生じた賃借物の損耗並びに賃借物の経年変化を除く）があり、その損傷が賃借人の責めに帰することができる事由によ

るものである場合には、賃貸借が終了したときにその損傷を原状に復する義務を負うので、③は妥当である。民法605条の２第２項によれば、不動産の譲渡人及び譲受人が、賃貸人たる地位を譲渡人に留保する旨及びその不動産を譲受人が譲渡人に賃貸する旨の合意をしたときは、賃貸人たる地位は、譲受人に移転しないとされるので、④は妥当である。この規定は、多数の賃借人がいるマンションを、投資法人が入居者のいる賃貸不動産として取得した上で、入居者との間の賃貸管理を引き続き旧所有者（賃貸人）に行わせるような場合に利用される。以上より、正解は②となる。（基本法務テキスト349〜351，362頁）

＜問53＞ 2

〔正解〕④（配点15点）

〔解説〕この問題は、行政法の行政作用法分野からの出題である。①は、行政手続法２条８号により、妥当である。②は同法38条２項により、妥当である。③は、同法42条により、命令等制定機関は提出された意見を十分考慮しなければならないとされているが、反対する者の数が過半数を占めたとしても、当該命令等の案を修正する義務は定められていないので、妥当である。④は、同法３条３項により、妥当でない。（基本法務テキスト98，101頁）

＜問54＞ 3

〔正解〕④（配点10点）

〔解説〕この問題は、地方自治法の選挙分野からの出題である。選挙運動のできる期間は、立候補届が受理された時から、選挙期日の前日までであり（公職選挙法129条）、それ以外の期間の選挙運動は事前運動として禁止されている。よって、①は妥当でない。インターネット等による文書図画の頒布は、受信者の使用する通信端末機器の映像面に表示させる方法によることとされており、表示された内容をプリントアウトして頒布することは、法定外文書の頒布となる（公職選挙法142条１項・142条の３第１項）。よって、②は妥当でない。投票所は選挙の当日午前７時に開き、午後８時に閉じるが、投票所により開閉時刻の繰上げ・繰下げが行われる場合もある（公職選挙法40条１項）。よって、③は妥当でない。選挙権の有無は期日前投票日の時点で決定されるため、投票後に死亡等の事由により選挙の期日までの間に選挙権を有しなくなったとしても、当該投票は有効な投票として取り扱われる。よって、④は妥当である。（基本法務テキスト197，200頁）

＜問55＞ 2

〔正解〕④（配点10点）

〔解説〕この問題は、行政法の行政救済法分野からの出題である。行政事件訴訟が予定する、抗告訴訟、当事者訴訟、民衆訴訟及び機関訴訟のうち、前二者が、特定人の権利利益の主張に基礎をおく主観訴訟であるのに対し、後二者は、一般公共の利益の主張に基礎をおく客観訴訟である。行政事件訴訟法５条によれば、民衆訴訟とは、国や公共団体の機関の法規に適合しない行為の是正を求める訴訟で、選挙人たる資格その他自己の法律上の利益に関わらない資格で提起するものである。選挙等無効訴訟（公職選挙法203条）や住民訴訟（地方自治法242条の２〜242条の３）が、その例である。以上によれば、①②③は妥当でなく、④が妥当である。（基本法務テキスト134〜135，154頁）

<問56> ④

〔正解〕③（配点10点）

〔解説〕この問題は、民法の契約分野からの出題である。委任契約は、当事者の一方が法律行為を
することを相手方に委託し、相手方がこれを承諾することによって成立する契約である（民法
643条）が、仕事の完成までは目的としていないので、①は妥当である。委任契約は原則として
無償であり、特約がなければ報酬を請求することができない（民法648条1項）ので、②は妥当
である。委任契約は各当事者がいつでもその解除をすることができる（民法651条1項）ので、
③は妥当でない。ただし、相手方に不利な時期に解除したり、委任者が受任者の利益をも目的と
する委任を解除することによって、相手方に損害が発生する場合、その損害を賠償しなければな
らない（民法651条2項本文）ので、委任契約を解除した場合、相手方に損害を賠償しなければ
ならないことがある。よって、④は妥当である。したがって、正解は③である。（基本法務テキ
スト353, 363頁）

<問57> 序

〔正解〕④（配点10点）

〔解説〕この問題は、序章からの出題である。国・地方公共団体の活動に適用される法は、憲法、
行政法のほか、民事法や刑事法があり、また、成文法だけでなく慣習法等の不文法も適用される
余地がないわけではないので、ア～ウのいずれも妥当でない。したがって、④が正解となる。（基
本法務テキスト3頁）

<問58> ③

〔正解〕③（配点25点）

〔解説〕この問題は、地方自治法の選挙分野からの出題である。当選を得若しくは得しめない目的
をもって選挙人又は選挙運動者に対し金銭、物品その他の財産上の利益等を供与すること、供応
接待をすることは、買収罪として処罰される。金銭等を実際に渡さなくても、その約束をした場
合も処罰の対象となる。よって①は妥当である。選挙人名簿に登録されている者が刑に処せられ
選挙権を失った場合、市町村選挙管理委員会は選挙人名簿にその旨の表示をしなければならない
こととされており、選挙権を回復すれば、その表示は消除される（公職選挙法27条1項、公職選
挙法施行令16条）。よって②は妥当である。選挙違反などにより当選が無効となったり選挙自体
が無効となった場合に行われる選挙を再選挙という（公職選挙法110条1項）。また、選挙の当選
人が議員となった後に死亡や退職等により一定数の欠員が生じた場合に不足を補うために行われ
る選挙を補欠選挙という（公職選挙法113条1項）。よって、③は妥当でない。Aの出納責任者B
が買収罪で禁錮以上の刑（執行猶予も含む）に処せられた場合、連座制が適用されてAの当選は
無効となり、連座裁判確定の日から5年間、当該選挙と同一の選挙で、同一選挙区からの立候補
が禁止される（公職選挙法251条の2第3項）。よって④は妥当である。（基本法務テキスト196,
201頁）

<問59> ④

〔正解〕①（配点10点）

〔解説〕この問題は、民法の事務管理・不当利得分野からの出題である。弁済者が錯誤によって弁済期前に本来の弁済期限どおりの利息及び元本を弁済した場合には、弁済期までの利益を返還請求することはできる（民法706条ただし書き）が、元本の返還請求はできないので、①は妥当でない。弁済者が自らに債務のないことを知りながら弁済した場合には、不当利得返還請求をすることができない（民法705条）が、債務のないことを知らずに弁済した場合には、不当利得返還請求をすることができるので、②は妥当である。弁済者が不法の原因のために給付をした場合には、給付したものを不当利得返還請求することができない（民法708条本文）ので、③は妥当である。不法原因給付であるとして不当利得返還請求できないことの反射的効果として、受領された給付の目的物の所有権は受領者が取得する（最大判昭45・10・21民集24巻11号1560頁）ため、④は妥当である。したがって、正解は①である。（基本法務テキスト365〜367頁）

<問60> ③

〔正解〕④（配点15点）

〔解説〕この問題は、地方自治法の自治立法分野からの出題である。地方自治法14条３項は「法令に特別の定めがあるものを除くほか、その条例中に、条例に違反した者に対し、二年以下の懲役若しくは禁錮、百万円以下の罰金、拘留、科料若しくは没収の刑又は五万円以下の過料を科する旨の規定を設けることができる。」と定める。条例違反者への過料の手続は、行政処分の形式で長が科す。条例違反者に対して法令で定めることができる懲役刑は、２年以下であることが上記地方自治法14条３項に定められている。長の規則違反者に対する罰則は、地方自治法15条２項で「普通地方公共団体の長は、法令に特別の定めがあるものを除くほか、普通地方公共団体の規則中に、規則に違反した者に対し、五万円以下の過料を科する旨の規定を設けることができる。」と定めるのみであるから、原則として、５万円以下の過料を科することができるだけであり罰金刑を科することはできない。行政指導は、あくまでも相手方の任意の協力によってのみ実現されるものであり、また、行政内規である要綱に刑事罰を科する旨の規定を設けることはできない。したがって、ア〜エの記述はすべて妥当でなく、正解は④となる。（基本法務テキスト118, 180, 184, 185頁）。

<問61> ④

〔正解〕③（配点10点）

〔解説〕この問題は、民法の債権と債務分野からの出題である。利息を生ずべき債権の法定利率は変動制である。その利率は、現在年３％である（民法404条２項）から、５％というのは誤っており、①は妥当でない。債務不履行による損害賠償の範囲については、民法416条１項が、通常生ずべき損害が賠償されると定め、２項が、特別事情によって生じた損害であっても当事者がその事情を予見すべきであったときは賠償請求できると定めている。したがって、規定がないという②は妥当でない。債務者が任意に債務を履行しないときは、契約の解除、損害賠償請求をすることができるが、債務を強制的に履行させる手段もあり、直接強制、間接強制、代替執行の３種が認められている（民法414条１項）ので、③は妥当である。債権には排他性がないので、同じ

内容の債権が複数成立することは可能であり、④は妥当でない。以上から、正解は③となる。（基本法務テキスト328〜331頁）

<問62> ２

〔正解〕③（配点10点）

〔解説〕この問題は、行政法の行政作用法分野からの出題である。行政機関の保有する情報の公開に関する法律（以下、「法」という）２条２項により、決裁前の文書であっても、組織的に共用されているものは開示請求の対象となる行政文書にあたるから、①は妥当でない。法３条により、「何人も」開示請求権を有するから、②は妥当でない。法７条により、③は妥当である。法９条２項により、開示請求を受けた行政機関の長は、開示請求に係る行政文書が存在しない場合は、不開示の決定をして開示請求者に通知しなければならないから、④は妥当でない。（基本法務テキスト120〜122頁）

<問63> ２

〔正解〕④（配点25点）

〔解説〕この問題は、行政法の行政作用法分野からの出題である。最判昭56・１・27民集35巻１号35頁（宜野座村工場誘致政策変更事件）は、（１）特定の者に対して一定内容の施策に適合する活動を促す個別的・具体的な勧告等があったこと、（２）その活動が相当長期にわたる当該施策の継続を前提とするものであること、（３）施策の変更により、社会観念上看過できない程度の積極的損害を被ること、（４）地方公共団体が上記損害を補償するなどの代償的措置を講ずることなく施策を変更したこと、（５）それがやむをえない客観的事情によるのでないこと、という５つの要件を満たす場合には、当該施策の維持を内容とする契約が締結されたものとは認められない場合であっても、信頼関係を不当に破壊するものとして、地方公共団体の不法行為責任が生じるとしている。したがって、①②③は妥当でなく、④が最も妥当である。（基本法務テキスト97頁）

<問64> ５

〔正解〕④（配点10点）

〔解説〕この問題は、刑法分野からの出題である。公電磁的記録不正作出罪は、刑法161条の２第２項に、偽計業務妨害罪は、刑法233条に、事前収賄罪は、刑法197条２項に、それぞれ規定されている刑法犯である。これに対し、検査忌避罪は、食品衛生法75条など多くの行政規制法に規定されている罪で、刑法犯ではなく、特別法犯である。したがって、④が妥当である。（基本法務テキスト391, 423, 428〜429頁）

<問65> ３

〔正解〕④（配点15点）

〔解説〕この問題は、地方自治法の執行機関及びその他の組織分野からの出題である。①は、地方自治法180条の５第３項、③は、同条第２項の定めるところであり、妥当である。②は、地方自治法138条の４第３項ただし書きにより、妥当である。かつては、地方自治法施行令121条の４に

よって公安委員会に附属機関を設置しないこととされていたが、現在ではこの規定は削除されている。④は、自治紛争処理委員は必置とされているわけではなく（地方自治法138条の4第3項）、事件ないし紛争ごとに任命される（地方自治法251条以下）ので妥当でない。（基本法務テキスト222～224，227頁）

<問66> 5

〔正解〕④（配点10点）

〔解説〕この問題は、刑法分野からの出題である。刑の種類を定める刑法9条で列挙されているのは、主刑としての死刑、懲役、禁錮、罰金、拘留、科料と、付加刑としての没収である。①は、3つとも刑罰である。②は、過料は科料とは異なり刑罰ではないから、行政処分の一つである排除命令とともに、2つが刑罰ではない。③は、重加算税は納税義務の履行を確保するための行政上の措置の一つ、排除命令は行政処分の一つで、2つが刑罰ではない。④は、課徴金だけが刑罰ではない。したがって、④が妥当である。（基本法務テキスト392～393頁）

<問67> 3

〔正解〕③（配点15点）

〔解説〕この問題は、地方自治法の監査と住民訴訟分野からの出題であり、住民訴訟の免責制度に関する知識を問う問題である。①と②は、地方自治法243条の2第1項に関する内容であり、妥当である。③は、地方自治法243条の2第2項が、「普通地方公共団体の議会は、前項の条例の制定又は改廃に関する議決をしようとするときは、あらかじめ監査委員の意見を聴かなければならない」と定めていることから、意見を聴くのは事後的なものではないので、妥当ではない。④は、最判平24・4・20民集66巻6号2583頁に関する内容であり、妥当である。（基本法務テキスト256～265頁）

<問68> 3

〔正解〕④（配点15点）

〔解説〕この問題は、地方自治法の選挙分野からの出題であり、選挙に関する基礎的知識を問うものである。衆議院議員総選挙及び参議院議員通常選挙の選挙期日は、天皇が国事行為として公示し（憲法7条4号、公職選挙法31条4項・32条3項）、衆議院議員及び参議院議員の補欠選挙の選挙期日は、当該選挙に関する事務を管理する選挙管理委員会が告示する（公職選挙法33条の2第8項）。よって、①は妥当でない。選挙人名簿にいったん登録されると、抹消されない限り、永久に有効（永久選挙人名簿）であり、すべての選挙に共通して用いられる（公職選挙法19条1項）。登録の抹消が行われるのは、（1）死亡又は日本国籍を喪失したとき、（2）他の市町村に転出したため表示された者が転出後4ヶ月を経過したとき、（3）在外選挙人名簿への登録の移転をするとき、（4）登録の際に、登録されるべき者でなかったとき、である（公職選挙法28条）。よって、②は後段が妥当でない。選挙の当日、旅行や出張などで投票することのできない者が、選挙人名簿登録地の選挙管理委員会で、選挙期日の公示日又は告示日の翌日から選挙期日の前日までの間に行うことができるのは期日前投票である（公職選挙法48条の2第1項）。不在者投票は、選挙人名簿登録地以外の市町村に滞在している者が、選挙期日の公示日又は告示日の翌日か

ら選挙期日の前日までの間に滞在先の市町村の選挙管理委員会で行う投票方法であり、指定病院等に入院等している者なども、その施設内で行うことができる。よって、③は妥当でない。何人も、ウェブサイト等を利用する方法により、選挙運動用文書図画の頒布を行うことができる。ウェブサイト等を利用する方法とは、インターネット等を利用する方法により、文書図画をその受信する者が使用する通信端末機器の映像面に表示させる方法のうち、電子メールを利用する方法を除いたものをいい、ライン、ツィッター、フェイスブックなどのSNS（ソーシャル・ネットワーキング・サービス）、ホームページ、動画共有サービス、動画中継サイト等がある。一方、電子メールを利用する方法による選挙運動用文書図画の頒布は、候補者や政党等に限って行うことができる（公職選挙法142条の4第1項）。よって、④は妥当である。（基本法務テキスト195〜198、200頁）

<問69> 4

〔正解〕 ①（配点10点）

〔解説〕この問題は、民法の民事訴訟による権利救済分野からの出題である。①は、「消費者の財産的被害の集団的な回復のための民事の裁判手続の特例に関する法律」（平成25年法律第96号）が、平成28年10月1日に施行されたが、その理解を問う問題である。この手続は、多数の消費者に生じた財産的被害の集団的回復のため、特定適格消費者団体が訴え（地裁に限る）を提起し、事業者が被害者である消費者一般に対して金銭を支払う義務を負うべきことを確認（共通義務確認訴訟）した後、共通義務があることを前提として、個別の消費者との関係で当該事業者が具体的な金銭の支払義務を負うか否か（対象債権の確定）を判断し、事業者が消費者に金銭を支払うことになる手続である。この手続は二段階の訴訟構造になっており、第一段階で、特定適格消費者団体によって事業者に共通義務確認訴訟が提起され(同法3条)、請求が認容されると、第二段階で、簡易確定手続開始の申立てがなされ（同法12条）、対象消費者への通知・公告があり（同法25条・26条）、対象消費者からの簡易確定手続申立団体への授権を経て（同法31条1項）、簡易確定手続申立団体により裁判所に債権が届け出られ（同法30条1項）、この債権の認否手続を経て、裁判所による簡易確定決定（同法44条）があると、具体的に被害を受けた消費者に対する事業者の支払義務が発生する。この制度は、特定適格消費者団体が事業者に当該特定適格消費者団体へ直接損害を賠償させ、これによって取得した損害金を個別の被害者に分配する制度ではないし、我が国では懲罰的慰謝料の賠償は認められないので、①は妥当でない。訴訟の目的の価額が60万円以下の金銭の支払いの請求を目的とする訴えについて、原則1回の期日で審理を終了する少額訴訟を簡易裁判所に提起することができるので（民事訴訟法368条・370条）、②は妥当である。一定の重要な刑事被告事件に関し、刑事訴訟手続に付随して、刑事被告事件を担当し有罪判決を行った裁判所が、民事の損害賠償についての審理を行って損害賠償を被告人に命ずる裁判手続が、「犯罪被害者等の権利利益の保護を図るための刑事手続に付随する措置に関する法律」23条以下により認められているので、③は妥当である。簡易裁判所が第一審裁判所となった場合（裁判所法33条1項1号）、上級審に関しては、地方裁判所に控訴を提起し（同法24条3号）、高等裁判所に上告を提起することになるので（同法16条3号)、④は妥当である。以上より、正解は①である。（基本法務テキスト384〜387頁）

<問70> **1**

〔正解〕②（配点15点）

〔解説〕この問題は憲法分野からの出題である。①については最判昭49・9・26刑集28巻6号329頁を、④については最大判平27・12・16民集69巻8号2586頁及び最大決令3・6・23裁判所ＨＰを、それぞれ参照。③については、最高裁は「民法90条の規定により無効である」としており（最判昭56・3・24民集35巻2号300頁）、当該規定が直接に憲法違反であるとされたわけではない。他方で、②は最大判平27・12・16民集69巻8号2427頁の通りである。したがって、妥当なものは②である。（基本法務テキスト62，65～66頁）

第1節　問題

問1　規制条例における実効性確保手法に関する次の記述のうち、妥当なものを1つ選びなさい。

①　条例に規定する義務を履行させるために刑罰を科すという手法は、罪刑法定主義に鑑み、条例で採用することはできない。

②　条例に規定する義務を履行させるために義務違反者の氏名を公表するという手法は、侵害留保原則に違反しないし、そもそも条例で氏名公表規定を整備している例はない。

③　規制条例における届出制は、届出内容について行政庁から諾否の判断を得る必要がない仕組みであり、届出内容について条例で命令制を併用することはできない。

④　規制条例における許可制については、その実効性を確保する手法として、許可取消し規定を条例で整備することが多い。

問2　戦後の中央集権体制の功罪に関する次の記述のうち、妥当でないものを1つ選びなさい。

①　戦後、地方自治が憲法で保障されたが、実際には半世紀以上にわたり、中央集権体制が構築され、機関委任事務制度や補助負担金制度が中心的な役割を果たしてきた。

②　機関委任事務制度や補助負担金制度は、自治体の自立を阻み、特段の成果や効果を上げてこなかった。

③　機関委任事務制度は、全国一律の基準で運用されたため、地域固有の課題に対応できなかった。

④　補助負担金制度は、交付条件を通じての国の過度な干渉により、自治体の自主性を阻害した面も大きい。

問3　中央集権体制の弊害と地方分権改革の趣旨に関する次の記述のうち、妥当でないものを1つ選びなさい。

①　中央地方の相互依存関係においては、自治体側に選択の余地、自治権の拡大の可能性があるため、多様化した行政ニーズにきめ細かに対応することが可能である。

②　中央集権体制が作り出す行政運営スタイルは、行政責任の不明確化や不透明化を助長する傾向にある。

③　自治体の政策決定や実施に対する評価・監視は、施策・事務の創設、補助金の交付・許認可審査等の手続の中でそれらの権限を背景として中央政府により実質的かつ実効的に行われる。

④　個別政策分野の情報・政策手法・人的資源といった政策過程で生じる付加価値である行政技術は、自治体間で異なる。

問4　公共政策に関する次のア～エの記述のうち、妥当なものの組合せを、①～④から1つ選びなさい。

ア　公共政策は、課題解決のための「活動の方針」であり、この活動は、国や自治体などの公的機関が行うものに限られず、外郭団体やＮＰＯなどの市民団体の活動も含まれる。

イ　公共政策は、「公共的な課題」に対応する条例制定を指し、行政計画は公共政策とはいえない。

ウ　「ごみ屋敷」による衛生、悪臭、美観などの問題は私的紛争であり、公共的課題と捉えることとはできない。

エ　目的はあってもそれを実現するための具体的な手段を示していないスローガン的なものもあるが、そのもの単独では公共政策とはいえない。

---

①　ア、イ

②　イ、ウ

③　ア、エ

④　ウ、エ

問5　自治体の活動における個人情報保護（以下、「自治体の個人情報保護」という）についての法整備に関する次の記述のうち、妥当なものを１つ選びなさい。

①　条例が先行した情報公開制度とは異なり、自治体の個人情報保護については、国における「行政機関の保有する電子計算機処理に係る個人情報の保護に関する法律」の制定を参考にした、電算情報のみでなくいわゆる手書き処理にかかわる個人情報を対象に含めた福岡県春日市の個人情報保護条例の制定（1984年）をその嚆矢とする。

②　国は、2003年に「個人情報の保護に関する法律」（個人情報保護法）、「行政機関の保有する個人情報の保護に関する法律」（行政機関個人情報保護法）などを制定したが、行政機関個人情報保護法には、自治体も同法の規定の趣旨にのっとった措置を講じなければならないと規定されたことから、同法施行までにすべての都道府県、市区町村において、個人情報保護条例が制定された。

③　国の個人情報保護法は、2003年の制定後、2015年に「匿名加工情報」の区分を新設するなどの改正が行われ、この改正を受けて、2016年には行政機関における匿名加工情報（行政機関非識別加工情報）の区分の新設などを行う行政機関個人情報保護法等の改正が行われた（2017年施行）。

④　国では、2018年の欧州連合におけるＧＤＰＲ（ＥＵ一般データ保護規則）の発効を受けた越境データの流通に伴う対応のために、2021年、いわゆるデジタル改革整備法の中で、個人情報保護法の改正が行われ、同改正により、自治体の個人情報保護制度についても、同法が適用されることとなり、自治体において条例で規定すべき事項は大きく狭まった（改正法施行後２年以内の政令で定める日から施行）。

問6　条例評価の基準に関する次の記述のうち、妥当でないものを１つ選びなさい。

①　私人間の紛争調停や司法制度によって問題を解決できるとしても、自治体としての責務を果たすためには、条例を制定することが望ましい。

②　有効性は、条例中の手段に関する基準であり、政策的検討の中心となる要素である。

③　効率性の評価は、数量的な把握がしやすいため、定量的手法によることが妥当である。

④　協働性は、当該条例の内容において、住民、ＮＰＯ等の参加、自己決定又は相互の連携にどこまで配慮しているかに関する基準であり、定性的手法により評価することが考えられる。

問7　自治体の条例立案に関する次の記述のうち、妥当なものを1つ選びなさい。
①　自治体は、条例の立案に当たり、自治体の規模、財政、地域の実情、行政課題に応じて最善の行政手法を選択することが求められるが、効率的な行政手法を選択することは求められない。
②　自治体は、条例の立案に当たり、法文化の異なる外国の法制度を比較検討することは求められない。
③　自治体は、条例の立案に当たり、先行する自治体の条例を参考にする場合には、それを自己の自治体仕様にカスタマイズすることが求められる。
④　自治体は、条例の立案に当たり、多くの行政手法の中から最善の行政手法を選択する必要があり、複数の行政手法を複合的に組み合わせるべきではない。

問8　市民参加の制度化に関する次の記述のうち、妥当でないものを1つ選びなさい。
①　メニュー型市民参加条例においては、行政機関の裁量に委ねずに、要求される市民参加のメニューを対象案件ごとに一つに絞って規定することが適切である。
②　パブリックコメント制度を持っていてもそれを条例で規定している自治体は比較的少数であり、要綱等の内規により制度化している例が多い。
③　条例に基づかず要綱等の内規に基づき審議会を設置することを違法とした下級審裁判がみられ、条例化を図る自治体が増えている。
④　原子力発電所や産業廃棄物処理施設の設置に限らず、行政庁舎等の公共施設の整備に関する住民投票も行われている。

問9　判例法理と違憲審査基準に関する次の記述のうち、妥当でないものを1つ選びなさい。
①　人はコミュニケーションを通じて自ら政治参加したり、人格発展させたりするため、表現の自由（憲法21条）は自己実現と自己統治の価値を持っているとされる。
②　表現の自由は真理の追求や社会的安全弁の価値を持っているとされる。
③　表現が世に出る前に規制する検閲行為は原則として禁止される。
④　検閲（憲法21条2項前段）とは、判例によれば、行政権が主体となって、思想内容等の表現物を対象とし、その全部又は一部の発表の禁止を目的として、対象とされる一定の表現物につき網羅的一般的に、発表前にその内容を審査した上、不適当と認めるものの発表を禁止することをいう。

問10　自治体法務に関する次の記述のうち、妥当なものを1つ選びなさい。
①　自治体法務は政策法務を含み、法務のあり方、執行方法、具体的な解釈や運用にいたるまでの全般を指す。

②　現在注目を集めているコンプライアンスなどリスクマネジメントに関する危機管理法務は、自治体法務においての中心的な内容となっている。

③　地方分権改革以前の自治体法務は、法制執務などが中心であったが、立法法務や解釈運用法務等も重要であるとの認識のもとで活発に行われていた。

④　自治体法務は平常時の法務活動であり、自然災害や不確実な国際情勢に備えた非常時の法務活動体制の確立は、自治体法務の課題にはなり得ない。

問11　過料に関する次の記述のうち、妥当なものを１つ選びなさい。

①　自治体の長が科す過料は、金銭の納付を内容とする不利益処分となるため、行政手続条例が適用され、自治体の長は、意見陳述のための手続をとらなければならない。

②　自治体の長が過料の処分をしようとする場合においては、過料の処分を受ける者に対し、あらかじめその旨を告知するとともに、弁明の機会を与えなければならない。

③　自治体の長が科す過料は、支払われなければ、裁判所の判決を経た上、地方税の滞納処分の例により強制的に徴収することができる。

④　詐欺その他不正の行為により、分担金、使用料、加入金又は手数料の徴収を免れた者については、条例でその徴収を免れた金額の５倍に相当する金額（当該５倍に相当する金額が５万円を超えないときは、５万円）以下の過料を科する規定を設けることができるとされており、自治体は、条例に規定することで、不正免脱額の５倍の範囲内であれば自由に過料を科すことができる。

問12　市民参加に関する次の記述のうち、妥当でないものを１つ選びなさい。

①　市民参加という用語は、参加の主体が市民であることを意味している。

②　「市民」は主権者市民、対象市民、公務市民、という３つの顔をもっている。

③　パブリックコメント制度は市民が行政機関に意見を提出する制度であり、市民意見に対して行政機関が応答するかどうかは、行政機関の裁量に委ねられている。

④　日本の地方自治法は、間接民主制を基本とし、住民による直接参政制度を限定的に規定している。

問13　住民投票に関する次の記述のうち、妥当でないものを１つ選びなさい。

①　住民投票の結果に強い法的拘束力を与えることも、条例で明確に規定すれば可能であると考えられている。

②　住民投票が実施されても、投票者総数が少ない場合、開票されないことがある。

③　住民投票は、自治体行政への参加意欲が低い多くの市民を巻き込んで政策対立に決着をつける手法であり、日本では、頻繁な実施は想定されていない。

④　条例に基づき実施された住民投票の多くは、施設の建設・解体・移転等の是非をめぐるものであったが、市町村合併や市名変更に関するものもあった。

問14　自治立法の類型に関する次の記述のうち、妥当なものを1つ選びなさい。

①　条例を法律との関係から分類すると、法律とは切り離した自治体独自の「法令事務条例」と、法を執行するための「自主条例」がある。

②　自主条例には、まったく法律の存在しない分野に定める「独自事務条例」と、法律の存在する分野であるが法律とは別個の事務を形成する「並行条例」がある。独自事務条例はもっぱら合憲性が問われるが、並行条例は合憲性とともに適法性も問われる。

③　条例を政策法務の視点から分類すると、「「必要的事項」条例」と「「任意的事項」条例」があり、後者の根拠は地方自治法14条2項（侵害留保）である。

④　別個の法形式である条例と規則は、法律と政令・省令との関係と同様の関係である。

問15　行政訴訟に関する次の記述のうち、妥当なものを1つ選びなさい。

①　抗告訴訟については、必ず訴訟要件を争うとともに、相手方の主張・立証に丁寧に反論し、自治体の法執行等の適法性・正当性を説得的に主張・立証することが重要である。

②　住民が自治体の財務会計上の違法行為を問責するための制度である住民訴訟は、納税者としての自己の権利利益の救済を目的とする「主観訴訟」と位置付けられる。

③　従来の判例や伝統的な法解釈の下では、法律に特別の規定がなくとも、自治体が行政権の主体として行政訴訟を提起することができると考えられている。

④　行政事件訴訟法の2004年改正により、仮の義務付け・仮の差止めが法定され、実際に裁判所が仮の義務付けを認めた例もある。

問16　国と地方の協議の場に関する次の記述のうち、妥当でないものを1つ選びなさい。

①　三位一体の改革に際しての協議はあくまで事実上のものであり、「国と地方の協議の場に関する法律」は、2011年に第1次一括法、改正地方自治法とともに同時成立した。

②　協議の対象となる事項は、国と自治体との役割分担に関する事項、及び、地方行政、地方財政、地方税制その他の地方自治に関する事項のうち重要なものに限定されている。

③　協議の場を構成する議員は、国側として、内閣官房長官、総務・財務の大臣、総理大臣が指名する国務大臣であり、地方側として、地方6団体の各代表者となっており、議長は臨時の議員として、議案を限って、他の国務大臣、自治体の長・議会の議長を協議の場に参加させることができる。

④　協議が調わなかった場合、国地方係争処理委員会のような第三者機関への不服申立て等の仕組みは、「国と地方の協議の場に関する法律」には盛り込まれず、具体的な運用は協議の場に任されている。

問17　評価・争訟法務に関する次の記述のうち、妥当でないものを1つ選びなさい。

①　評価・争訟法務とは、立法事実の変化や争訟の発生を契機に、自治体が法律・条例の内容や法執行の状況を評価・見直し、その結果を法執行の改善や条例の制定改廃などにつなげていく取組

みである。

② 路上喫煙禁止条例を制定したにもかかわらず、当初の制定目標がほとんど達成されなかった場合に、条例の抜本的見直しを検討することは、評価法務に該当する。

③ 路上喫煙に対して過料の支払いを命じた相手方から提起された争訟に適切に対応するとともに、争訟を契機に条例の内容や法執行を評価・見直し、その改善を図ることは、争訟法務に該当する。

④ 評価・争訟法務は、法務マネジメントサイクルの「Ｐｌａｎ」の段階に相当する。

問18　地方分権改革に関する次の記述のうち、妥当でないものを１つ選びなさい。

① 第１次地方分権改革の基本的な認識のもととなっているのは、1996年３月に出された地方分権推進委員会の中間報告であり、「地方分権推進の趣旨」の中で地方分権型行政システムへ移行していくことの必要性が示されている。

② 地方分権推進委員会の中間報告では、地方分権型行政システムを確立するための改革要素としては、国と自治体の関係を対等協力の関係へと変容していくこと、機関委任事務制度の見直し、国の自治体への関与を不透明な通達によるものから法定化することなどが謳われている。

③ 地方分権推進委員会と地方分権改革推進委員会は政令に基づく設置、地方分権改革推進会議は法律に基づく設置で、有識者、民間人などを構成員として政府に分権改革のあり方を勧告、意見等する組織である。

④ 地域主権戦略会議と地方分権改革推進本部は、閣議決定により内閣府に置かれ、それぞれ議長、本部長に内閣総理大臣が当てられる。

問19　違法状態の是正に関する次の記述のうち、妥当でないものを１つ選びなさい。

① 法令違反の事実の有無に関する自治体による調査に関しては、「刑事責任追及を目的とするものでないとの理由のみで、その手続における一切の強制が当然に右規定〔憲法35条〕による保障の枠外にあると判断する」のが相当であるとするのが判例である。

② 公の施設の使用料は、下水道使用料など法律で特に定めるものでなければ、滞納処分を行うことはできない。

③ 滞納処分を行うことができる私人の金銭上の義務について、自治体は法令に基づく滞納処分手続によってしか、その履行確保措置をとることができず、民事裁判手続によることはできない。

④ 契約によらず法令の定めや行政処分に基づいて課されている公法上・非金銭上の義務の履行確保のためには、民事執行法等による民事裁判手続を用いることは、特別な法律がなければできないとするのが判例である。

問20　Ａ市長がＸに対する生活保護の廃止処分（第１号法定受託事務。以下「本件処分」という）をした場合に、これに不服のあるＸがその取消訴訟を提起するときにおける記述として妥当なものを、次の①〜④の中から１つ選びなさい。なお、当該処分に対する審査請求については、Ｂ県知

事に提起すべきこと、当該訴訟は審査請求を経てから提起すべきことが、生活保護法によって明記されていることを前提とする。

① XがA市を被告として本件処分の取消訴訟を提起したときは、提訴されたA市は、所定の手続によりその内容を法務大臣に報告しなければならないことが義務付けられている。

② 法務大臣及びB県知事は、本件処分の取消訴訟が提起された場合においては、A市長と協議するなどの一定の法律上の要件を満たせば、大臣や県知事の所部の職員を代理人として本件訴訟を行わせることができる。

③ 地方裁判所において本件取消訴訟に対して認容判決が出された場合において、A市は、これに不服があり控訴するときは、市議会の議決を経なければならない。

④ Xは、本件処分の取消訴訟を経ることなく、本件処分が違法でありそれにより被った損害を国家賠償請求訴訟として裁判所に提訴することは、認められない（訴えは却下される）。

問21　自治体に対する国の関与に関する次の記述のうち、妥当なものを1つ選びなさい。

① 自治事務に関する国からの法令解釈に関する通知類は、「技術的な助言」に当たると考えられるため、自治体では、こうした通知類の内容に従う必要はなく、独自に法令を解釈し、通知類と異なる措置をとったとしても必ずしも違法ではない。

② 自治事務に関する国からの法令解釈に関する通知類は、「技術的な助言」に当たると考えられるため、自治体が通知類に従って行政措置を講じている限り、裁判において自治体が責任を問われることはない。

③ 法定受託事務に関する国からの法令解釈に関する通知類は、すべて「処理基準」に当たると考えられるため、自治体では、こうした通知類の内容に従う必要があり、独自に法令を解釈し、通知類と異なる措置をとれば違法となる。

④ 法定受託事務に関する国からの法令解釈に関する通知類は、すべて「処理基準」に当たると考えられるため、自治体が通知類に従って行政措置を講じている限り、裁判において自治体が責任を問われることはない。

問22　機関委任事務の廃止と新たな事務区分に関する次の記述のうち、妥当でないものを1つ選びなさい。

① これまで自治体の事務としてあった公共事務、団体委任事務、行政事務は自治事務に移行した。

② 地方自治法において、法定受託事務は、自治体の処理する事務のうち自治事務以外をいうと定義される。

③ 法定受託事務であっても、原則的に議会の調査権や監査委員の権限が及ぶ。

④ 法定受託事務は、国が一定の関心を示すとしても自治体の事務であるため、その事務の執行に際して、必要ならば条例を制定することができる。

問23　1999年制定の地方分権一括法に関する次の記述のうち、妥当なものを１つ選びなさい。

①　地方分権一括法は、地方分権をいっそう推進するため、自治体の事務処理について規定していた個別法による規律密度を一律に緩和するものであった。

②　地方分権一括法の施行に伴い地方自治法に規定された法定受託事務と自治事務は、いずれも自治体の事務であることから、自治体がその事務処理について条例を制定することは可能である。

③　地方分権一括法の施行後であっても、自治体による条例制定に当たっては、その可否を個別具体的に検討するため、総務大臣との協議が義務付けられている。

④　地方分権一括法の施行前に地方自治法に規定されていた機関委任事務は、国の機関から自治体の機関へ委任されたものであるから、自治体がその事務処理について条例を制定することは可能であった。

問24　情報公開制度に関する次の記述のうち、妥当なものを１つ選びなさい。

①　地方公共団体及び国の情報公開制度は、いずれも知る権利に基づく制度である旨が規定されている。

②　情報公開は、住民の権利であるため、不開示事由に該当する場合を除き、条例で定められた期限内に必ず開示しなければならない。

③　自治体が保有する公文書は、紙媒体の文書のみならず電磁的な記録が広く情報公開制度の対象とされる。さらに、官報や地方自治体の広報誌など地方公共団体が保有する情報は、幅広く情報公開制度の対象とされているのが一般的である。

④　情報公開制度において開示請求を行うことができる者は、各自治体の条例において規定されているが、何人であっても請求を認める自治体と住民等一定の範囲の者に限って請求を認める自治体とがある。

問25　自治体の裁量の逸脱濫用に対する裁判所の審査の方法又は基準に関する次の記述のうち、妥当でないものを１つ選びなさい。

①　訴訟においては、自治体の裁量権の行使に係る判断の過程の合理性が審査されることがあるため、自治体としては、その合理性を裏付けるために必要な資料等を適切に管理保管する必要がある。

②　自治体が行った不利益処分が、その内容面においては裁量の範囲内といえる場合であっても、法定の聴聞手続が履践されなかったなどの手続的瑕疵があるときは、裁判所は、当該不利益処分を違法と判断する可能性がある。

③　自治体の裁量権の行使が、根拠となるべき事実の基礎を全く欠いていたり、又は、社会観念上著しく妥当性を欠いていたりする場合に、裁判所はこれを違法と判断することがある。

④　自治体の裁量権の行使が、第三者である裁判所における審査を経て適法と評価されたときは、その裁量権の行使の在り方は、考え得る中で最も適切なものであったとの客観的な保証を得たに等しいといえる。

問26　憲法と自治体法務に関する次の記述のうち、妥当でないものを1つ選びなさい。
①　自治体法務の前提となる法治主義や法務の対象となる法令・条例についての根源には憲法がある。
②　自治体を含む国家が人権を制約するには法令が必要であり、その制約や法令を正当化する理由（立法事実）次第で合憲・違憲が決まる。
③　自治体法務において、必要に応じ、憲法価値の実現を念頭に置かなければならない。
④　憲法価値の実現は、法令の執行や条例等の制定・執行だけではなく、争訟においても求められる。

問27　誘導的手法に関する次の記述のうち、妥当でないものを1つ選びなさい。
①　住民による生ごみ処理機の購入について、自治体がその費用の一部を助成する措置を講じようとする場合、当該措置は誘導的手法のうちの補助手法といえる。
②　住民による家庭ごみの排出について、自治体が自身の指定した収集袋を購入の上使用しなければならないとする措置を講じようとする場合、当該措置は規制的手法と誘導的手法を組み合わせたものといえる。
③　自治体が住民の健康などを確保するために、製品の安全性などに関して自らの行った調査の経過や結果を公表しようとする場合、その根拠が法律や条例に置かれていなければならない。
④　国民の健康などを確保するために、集団食中毒の原因食材の特定などに関して行われた調査の結果を公表した行為の適否をめぐって、国の損害賠償責任が肯定された裁判例がある。

問28　自治基本条例の制定動向と検討方式に関する次の記述のうち、妥当なものを1つ選びなさい。
①　自治基本条例は、都道府県を中心に制定されてきたという経緯があり、それが徐々に市町村へと拡がりつつあり、2021年の時点で、50％以上の自治体で制定されるにいたった。
②　住民参加型審議会方式は、長からの諮問に基づき附属機関等としての審議会で条例案をまとめ答申する方式であり、審議会に一部公募の住民が参加することがある。
③　住民の直接請求方式は、自治体への直接請求の形で提案する方式であり、住民の署名収集に基づき長に請求し、長が原案を作成した上で議会で審議するものである。
④　議員参加・主導型方式や住民の直接請求方式により、原案が作成されているのが一般的である。

問29　条例で定めなければならない事項に関する次の記述のうち、妥当でないものを1つ選びなさい。
①　自治体は、行政運営の基本方針や住民とのかかわり等について、「自治体の憲法」といえる自治基本条例を制定する義務を負うわけではない。
②　自治体は、議員の定数を条例で定めなければならないし、職員の定数も条例で定めなければならない。
③　自治体は、住民の権利を制限したり、義務を課したりするためには、法令に特別の定めがない限り、条例を定めなければならない。
④　自治体は、使用料及び手数料については条例で定めなければならないが、分担金については条例で定める必要はない。

問30 条例の附則に関する次の記述のうち、妥当でないものを1つ選びなさい。

① 附則規定において条例を遡及適用することは、法的安定性の観点からみだりに行われるべきではないが、住民の利益になるような場合には認められることもある。

② 条例の制定に際して既存の他条例を改廃する必要があるときには、附則規定において既存の他条例を改廃することはできず、他条例の改廃手続を個別にとる必要がある。

③ 附則規定において経過措置を定める場合には、一般原則に関する経過措置を先に規定し、個別的な経過措置はその後に規定する。

④ 条例の終期をあらかじめ定めておきたい場合には、条例の附則規定に有効期限に関する規定を置くこととされている。

問31 行政手続法上の行政指導について定めた規定に関する次の記述のうち、妥当でないものを1つ選びなさい。

① 法令に違反する行為の是正を求める行政指導の相手方は、当該行政指導の根拠となる規定が法律に置かれているか否かにかかわらず、当該行政指導が当該法律に規定する要件に適合しないと思料するときは、当該行政指導をした行政機関に対し、当該行政指導の中止を求めることができる。

② 何人も、法令に違反する事実がある場合において、その是正のためにされるべき行政指導であって、その根拠となる規定が法律に置かれているものがされていないと思料するときは、当該行政指導をする権限を有する行政機関に対し、当該行政指導をすることを求めることができる。

③ 行政指導に携わる者は、その相手方に対して、当該行政指導の趣旨及び内容並びに責任者を明確に示さなければならないが、当該行政指導が口頭でされた場合、その相手方から上記事項を記載した書面の交付を求められたときは、行政上特別の支障がない限り、これを交付しなければならない。

④ 申請の取下げ又は内容の変更を求める行政指導にあっては、行政指導に携わる者は、申請者が当該行政指導に従う意思がない旨を表明したにもかかわらず当該行政指導を継続すること等により当該申請者の権利の行使を妨げるようなことをしてはならない。

問32 争訟を契機とする条例・法執行の見直しの例に関する次の記述のうち、妥当なものを1つ選びなさい。

① 宝塚市パチンコ店等規制条例事件では、宝塚市が裁判中から条例の改正など具体的な方法を検討し、特別用途地域の変更手続を取っていたことから、最高裁判決により市の敗訴が確定した後も、パチンコ店の新規出店を防ぐことができた。

② 大阪市は、10年以上勤続して退職した職員につき一律に退職時に特別昇給を行ったことが職員の給与に関する条例に違反するとして提起された住民訴訟を受け、特別昇給の実施を取りやめる形で見直しを行った。

③ 四日市市国有資産等所在市町村交付金請求事件では、法律の解釈をめぐって勝ち負けを決めるのではなく、和解の条件を適切に判断することにより、最終的には四日市市と東員町の双方にとっ

て納得できる解決策が導かれた。

④　市立保育園の民営化をめぐって、当時の保護者と園児らが横浜市を相手に、民営化取消しと損害賠償を求めた訴訟で、改正条例の制定が裁量権の逸脱濫用として違法と認定されたことを受け、市は改正条例の規定の見直しを行った。

問33　自治基本条例制定の意義に関する次の記述のうち、妥当でないものを１つ選びなさい。

①　自治体の今後のあるべき姿を普遍的な形で提示することにより、各自治体の方針が安定的になり、分かりやすくなる。

②　制定過程や制定後の運用において住民の参加がなされることで、住民の自治意識の向上が図られる。

③　自治体の個別条例の制定・運営方針や自治体政策の体系化を促すことができる。

④　自治基本条例には、個別条例や施策が当該自治体の自治の基本理念に即しているかを判断する「ものさし」としての機能は求められていない。

問34　政策法務の人材養成に関する次の記述のうち、妥当でないものを１つ選びなさい。

①　各自治体の職員研修所などで、講師による講義や演習を行うことによって、能力向上を図る集合研修はかなり効果を上げている。

②　職場横断的なグループで、メンバー間で切磋琢磨しながら行う研修は、実践に近い研修として有効である。

③　一定期間、大学その他の機関に派遣して実施する派遣研修は、社会人向けの講座が増えているため、有効な人材養成の手段になっている。

④　どの職場でも法的又は政策的な能力が高い上司や同僚のサポートが得られるため、ＯＪＴによる政策法務能力に強い人材の養成は可能である。

問35　議会の権限や運営等についての地方自治法の改正に関する次の記述のうち、妥当でないものを１つ選びなさい。

①　議員定数は、地方自治法上、当初は人口規模別に定められていたが、現在は完全に条例に委ねられている。

②　議決事件の追加の指定が法定受託事務にも拡大された。

③　定例会の招集回数が４回以上から６回以上へと増やされた。

④　副知事・副市町村長等の選任の同意が専決処分の対象から除外された。

問36　非金銭上の義務に関する次の記述のうち、妥当なものを１つ選びなさい。

①　違法建築物の撤去命令に基づく建物の除却義務は代替的作為義務であり、行政代執行の対象にならない。

② 行政財産の目的外使用許可の取消しに伴う庁舎の明渡し義務は非代替的作為義務であり、行政代執行の対象にはならない。

③ 違法建築に係る工事中止命令による工事中止義務は代替的作為義務であり、行政代執行の対象になる。

④ 違法建築物の撤去命令に基づく建物の除却義務は不作為義務であり、行政代執行の対象になる。

問37　地方自治法における国・都道府県・市町村の役割分担に関する次のア～エの記述のうち、妥当なものをすべて掲げた選択肢を、①～④の中から1つ選びなさい。

ア　国は、国家としての存立にかかわる事務など国が本来果たすべき役割のみを担うものとされ、住民に身近な行政は広く自治体にゆだねるものとされている。
イ　自治体が処理すべき「地域における事務」とは、自治体の区域内においてその自主性及び自立性が発揮されるべき事務であり、原則として自治事務を指している。
ウ　自治体に関する法令の規定は、地方自治の本旨に基づいて、かつ、国と自治体の適切な役割分担を踏まえて解釈・運用するようにしなければならないと定められているが、この規定は法定受託事務についても適用される。
エ　都道府県は、広域にわたる事務、市町村に関する連絡調整に関する事務、規模又は性質において一般の市町村が処理することが適当でないと認められる事務のほか、法律又はこれに基づく政令で定められた法定受託事務を処理するものとされている。

① ア、イ、ウ
② ア、エ
③ ウ、エ
④ ウ

問38　法の解釈の方法に関する次の記述のうち、妥当でないものを1つ選びなさい。

① 法律に規定されている用語・概念について、下位規範である政省令の規定において解釈・定義がされているときは、その解釈・定義は、その法律による委任の範囲内であるといえる限りにおいて、正当性を有する。

② 最高裁判例は、直ちに法源（法規範）となるわけではないが、下級裁判所は最高裁判所が下した判断（判例）と異なる解釈は事実上行うことができないということを念頭に置いて事務処理に当たることが適切である。

③ 類推解釈の禁止の原則は、刑法の解釈に限って採用されるべき原則であり、様々な事象に対応するため柔軟に適用されるべき行政上の秩序罰規定の解釈においては、考慮される余地はないとするのが定説である。

④ ある法令の定義規定において定められた用語の意味が、日常生活における言葉の使い方と比較して不自然であるといえる場合であっても、その用語の意味は定義規定による。

問39　苦情対応と自治体オンブズマン制度に関する次の記述のうち、妥当なものを1つ選びなさい。

① 自治体が日常的に受け付けている住民からの様々な苦情を、第三者を交えて調査・検討し、必要な措置を講じることを一般的に苦情対応と呼ぶ。

② 苦情対応は、自治体による「事実上のサービス」であることから、柔軟な対応が可能となっているため、公式な制度として作り上げることは望ましくない。

③ オンブズマンとは、公正中立な立場から、住民と行政の対立を調整するために独立して行動する人を意味する。

④ 自治体オンブズマン制度は、行政救済の手段として考えたとき、行政上の不服申立てと比較すると相当に簡易迅速な手段といえる。

問40　処分の裁量統制に関する次の記述のうち、妥当でないものを1つ選びなさい。

① 行政庁である執行機関等が、自ら審査基準、処分基準等の裁量基準を設定しているときは、基本的に、これに準拠して権限を行使することが妥当であるが、このことは、行政上の平等原則とは関係のない帰結である。

② 処分の裁量基準が選択の幅のある内容となっているときは、その幅の範囲内で選択を行っているということのみによっては、処分の合理性を直ちに根拠付けることはできない。

③ 行政庁である執行機関等が、既存の審査基準、処分基準等の裁量基準によらない意思決定をするに当たっては、その事案において当該裁量基準によらないことが必要かつ妥当であることを説明できなければならない。

④ 申請を拒否する処分及び不利益処分のいずれについても、行政庁にはその理由を提示する義務が課されている。

問41　旧通達・行政実例と自治体法務に関する次の記述のうち、妥当なものを1つ選びなさい。

① 地方分権改革によって機関委任事務は廃止されたが、通達の中には依然として自治体に対して事実上法令と同等の重要な意味を持つものがある。

② 技術的な助言や法定受託事務の処理基準は、通達に代わって自治体を拘束するものである。

③ 行政実例とは、法令の解釈・運用について、所管省庁がその見解を示したもので、自治体からの照会に対して回答するという形をとるものに限られる。

④ 行政実例が法の解釈を誤っていると判断される場合には自治体がそれに従って事務処理をしても違法と判断されるときがあり、具体例として、行政実例に従って議会の議決を経ずに行われた訴えの提起が不適法とされた差押債権支払請求事件が挙げられる。

問42　次のA、Bについてそれぞれを正当化し得る政策の価値に着目している理論・考え方の組合せとして妥当なものを、①～④の中から1つ選びなさい。

A　道路建設のための土地の収用

B　青少年健全育成条例の制定によるわいせつ図書や暴力的なゲームソフトの販売などの規制

① 　A： 　功利主義　　　　B： 　リバタリアニズム

② 　A： 　功利主義　　　　B： 　コミュニタリアニズム

③ 　A： 　リベラリズム　　B： 　リバタリアニズム

④ 　A： 　リベラリズム　　B： 　コミュニタリアニズム

問43　徳島市公安条例（集団行進及び集団示威運動に関する条例）と道路交通法の関係が問題となった同条例事件最高裁判決（昭50・9・10刑集29巻8号489頁）に関する次の記述のうち、妥当でないものを1つ選びなさい。

①　徳島市公安条例事件の被告人は、「だ行進をしないこと」という条件を付された道路交通法の道路使用許可に違反したが、この件については、最高裁判決では争われていない。

②　道路交通法が全国一律規制を企図するものではないと最高裁判決が解したひとつの理由は、道路交通法が許可対象の横出し的追加を公安委員会に認めていたからであった。

③　最高裁判決は、法律の文言を形式的に解するのではなく、その趣旨を踏まえた解釈をすべきであるという姿勢を基本としている。

④　最高裁判決は、徳島市公安条例が道路交通法よりも厳しい禁錮刑を規定したとすれば、同条例は同法に違反すると考えていた。

問44　法制執務に関する次の記述のうち、妥当でないものを1つ選びなさい。

①　法制執務とは、狭義には、成文法の立案及び審査に関する事務のことを指すが、成文法の解釈とも無関係ではない。

②　法令の制定・改正に際しては、行為の予測可能性を確保するために、法制執務の知識が必要不可欠である。

③　自治体の事務を処理し、執行していくという業務については、法制執務の知識は必ずしも必要ない。

④　法制執務をめぐる業務においては、法解釈学とは異なる一定のルールが存在する。

問45　能動的評価法務に関する次の記述のうち、妥当なものを1つ選びなさい。

①　能動的評価法務とは、自治体が自らの発意により法律・条例の執行状況等を評価・見直し、その結果に基づいて立法法務・執行法務の改善を図る取組みである。

②　能動的評価法務は、法制評価や立法評価とは区別される取組みである。

③　能動的評価法務は、法執行の評価・見直しに限られ、条例の評価・見直しはその対象外である。

④　能動的評価法務の観点からすると、法律・条例の執行状況等の評価・見直しは、執行状況に問題が生じた場合に限り、その問題を解決するために行うべき取組みである。

問46　自治体法務と地方自治の本旨に関する次の記述のうち、妥当なものを1つ選びなさい。

① 法律又はこれに基づく政令により自治体が処理することとされる事務が自治事務である場合においては、国は、自治体が地域の特性に応じて当該事務を処理することができるよう特に配慮しなければならない。

② 自治体に関する法令の規定及び通達は、地方自治の本旨に基づき、かつ、国と自治体との適切な役割分担を踏まえたものでなければならない。

③ 地方自治法2条の立法原則と解釈・運用原則（11〜13項）は住民自治を強化したものであり、これらに反する立法や解釈・運用は違憲問題ともなり得る。

④ 地方自治の本旨の内容である「住民自治」は自由主義的要素を含み、「団体自治」は民主主義的要素を含む。

問47　行政指導について定めた次の行政手続法の規定の空欄に入る語句の組合せとして妥当なものを、①〜④の中から1つ選びなさい。

「この法律において、次の各号に掲げる用語の意義は、当該各号に定めるところによる。（略）
行政指導　行政機関が（　　A　　）の範囲内において一定の行政目的を実現するため特定の者に一定の作為又は不作為を求める指導、勧告、助言その他の行為であって（　　B　　）に該当しないものをいう。」

① A：法令による授権　　　　　B：処分

② A：その任務又は所掌事務　　B：処分

③ A：その任務又は所掌事務　　B：不利益処分

④ A：法令による授権　　　　　B：不利益処分

問48　事実認定手続の適正化に関する次の記述のうち、妥当なものを1つ選びなさい。

① 憲法31条は、法律による手続によらなければ、「刑罰」を科すこと及び「行政上の義務」を課すことのいずれもできない旨を、明文により定めている。

② 不利益処分に先立って講じられる聴聞や弁明の機会の付与の手続は、相手方に自治体当局に対し慈悲を請わせる儀式の場ではない。

③ 不利益処分は、相手方の納得の下に行うことが重要であるため、自治体当局は、聴聞や弁明の機会の付与の手続においては、不利益処分の原因となる事実には該当しない事情を中心に説明し、心情に訴えて説得することが望ましい。

④ 聴聞や弁明の機会の付与の手続を行うことについて事前の通知を行うに当たっては、不利益処分の原因となる事実に関して記載するとしても、相手方に先入観を与えることがないよう、抽象的で簡素な表現にとどめるべきである。

問49　自治体独自の議会改革に関する次の記述のうち、妥当でないものを1つ選びなさい。

①　議会改革の一般的な形としては、「住民との関係を強化する」方向と「議会審議の充実や議会の政策形成機能の強化」の方向の両面がある。

②　自治体の総合計画の策定は長の専権事項であるから、総合計画を議会の議決事件として追加している自治体はほとんどない。

③　議員による条例提案がみられた自治体の割合は、2015年では、全自治体の10％未満にとどまっている。

④　議員提案による条例は多岐にわたるが、農業・農村振興条例、地産地消推進県民条例などの理念型の条例が比較的多い。

問50　市民協働条例の内容に関する次の記述のうち、妥当でないものを1つ選びなさい。

①　協働事業提案制度の導入は、市民協働条例の主な内容の1つである。

②　自治体から協働相手への補助や助成を規定することは、市民協働条例の主な内容の1つである。

③　市民公益活動にかかる基金を設置することは、市民協働条例の主な内容の1つである。

④　市民を行政機関のパートタイム事務職員として雇い入れること（任用）は、市民協働条例の主な内容の1つである。

問51　法の執行管理の見直しに関する次の記述のうち、妥当でないものを1つ選びなさい。

①　法の執行管理とは、有効かつ効率的な執行活動を行うため、執行方針の検討、執行体制の整備、執行細則の決定、執行状況の点検を行う後方支援活動である。

②　執行細則とは、審査基準・要綱・事務処理要領・契約等の法執行に必要となる規程のことである。

③　執行細則を作成する際には、国から示された通達や行政実例を参考にしつつも、地域の実情と自治体政策の方針に基づき自治体自らが作成することが必要である。

④　執行細則は、庁内で適正に把握されていればよく、ホームページなどで公開する必要はない。

問52　従来の自治体法務に関する次の記述のうち、妥当でないものを1つ選びなさい。

①　地方分権改革以前の機関委任事務体制のもとでは、自治体は法令や各省庁が示す通達等に従い、忠実に法を執行する機関であるとされ、自治体法務は消極的に捉えられていた。

②　かねてから、用字・用語の使い方や改正文の書き方といった法制執務だけではなく、条例の中身の検討も十分になされていた。

③　自治体「法務」は文書課や行政課などの法規担当課がもっぱら行うと理解され、原課が抱える課題解決のため条例の制定を目指したり積極的な法解釈をしても、法規担当課がそれに否定的な行政実例や判例を持ち出して潰すことも少なくなかった。

④　地方分権改革以前は、立法法務も委任条例等に限定され、国等が示す条例準則に無批判に従うことも多く、解釈運用法務も通達集や逐条解説などを参照し、他の自治体と横並びの解釈運用を

もって執行することが多かった。

問53　条例の計画的評価に関する次の記述のうち、妥当でないものを1つ選びなさい。
① 条例の計画的評価とは、あらかじめ条例制定段階で、条例の見直しを前提として、条例中に当該条例において実施する評価の時期・方法等を定め、これに沿って評価を実施することをいう。
② 条例評価は、条例が施行された後にその状況・成果を見て行う事後評価に限られ、事前評価は必要ではない。
③ 明らかに短期的に消失する課題や事象について条例を制定する場合には、一定期間後に条例そのものの効力を失わせる時限立法を用いることが望ましい。
④ 基本条例や理念条例は、自治体の進むべき道程を示したものであり、時の社会経済情勢等に適した見直しを図っていく必要があり、これを担保する手段としては見直し条項等を置くことが考えられる。

問54　法執行の見直しに関する次の記述のうち、最も妥当なものを1つ選びなさい。
① 法執行の評価に伴い許可基準を改めることとして当該基準を定めているA市の規則を改正しようとする場合、基準が規制を緩和する内容であっても、行政手続法に準じて改正前に意見公募手続を講じることが望ましい。
② 法規ではない執行細則上の基準（審査基準等）であっても、近年の判例法理によれば、行政には自己拘束の法理が働くことから、法執行の評価にあっては、個別の基準逸脱事案に関して基準に忠実に従うよう是正を図ることが望ましい。
③ 特に制度の変更や制度をめぐる環境に変化がない場合、争訟の提起状況としての審査請求の件数減少を成果指標として導入することは、法執行の評価として適切である。
④ 法律の執行に関する評価では、国の法律や法律に基づく命令を所与とし、主務官庁の発する通知（例、法の施行通達）に関しては、法執行の評価の結果内容的な問題があれば、実務から当該通知の改正を当該主務官庁に要望したり、働きかけたりすることが望ましい。

問55　違法状態の是正に関する次の記述のうち、妥当なものを1つ選びなさい。
① 非金銭上の義務履行の確保手法には、代執行、直接強制、執行罰があるが、活用が可能な手法は、事実上、代執行に限られている。
② 非金銭上の義務履行の確保手法の1つである代執行を実施できる義務は、代替的作為義務と不作為義務に限られており、非代替的作為義務について用いることはできない。
③ 行政上の義務のうち、非金銭上のものについて、民事執行法等による民事裁判手続を用いることができるとするのが判例である。
④ 私人の身体や財産に差し迫った危険がある場合に、法律や条例の規定によらずに、私人に義務を課すことなく直ちに私人の身体や財産に実力を行使することを、即時強制（即時執行）という。

問56　個人情報保護制度に関する次の記述のうち、妥当なものを1つ選びなさい。

①　市町村から通知された自己に関する情報に誤りがあることに気づいた場合には、個人情報保護条例に基づき訂正請求を行うことができる。

②　2015年に個人情報保護法が改正され、匿名加工情報が規定された。この法改正を踏まえて、各自治体も個人情報保護条例に匿名加工情報に関する規定を設けなければならないこととされた。

③　個人情報保護法改正により規定された個人識別符号とはDNA、顔認識データ、指紋・声紋データ等を意味するものであるが、自治体の個人情報保護条例において個人識別符号としていない場合であっても個人情報に含まれるものと解されるのが一般的である。

④　個人情報保護条例は、一般的に自治体及びその職員のみを規律しているため、委託契約等に伴い住民の個人情報を自治体以外の機関が扱う場合には適用がない。そのため、委託契約等で個人情報の取扱いを明記しておく必要がある。

問57　自治体法務のマネジメントに関する次の記述のうち、最も妥当なものを1つ選びなさい。

①　自治体法務のマネジメントは、まず「立法法務」により条例が制定され、「執行法務」によりその条例が運用され、「評価法務」により条例の評価・見直しが行われ、条例改正（立法法務）へと展開される。

②　法律の規律密度の高い自治体行政において、従来の自治体法務は、国の公定解釈に従って法執行をするものであったが、分権時代の自治体法務は、法律であってもそれぞれの実情に即し解釈運用（解釈運用法務）し、地域特性に応じた独自の法運用をすることである。

③　自治体法務におけるマネジメントサイクルとしての法務管理（Ｃｈｅｃｋ－Ａｃｔｉｏｎ）には、自治体が自ら条例の見直しを行う「評価法務」と、自治体の条例に基づく処分等が争われた争訟を契機に条例の見直しを行う「争訟法務」がある。ただし、争訟法務は、他の自治体で発生した争訟を踏まえて展開することもできる。

④　自治体法務では、処理する法令が地域にとって十分ではないと考えられる場合、法執行の見直し、条例の制定を検討するなど、独自の対応を図ることが評価法務として求められる。関連する分野の法律の制定や改正を国に要望することも十分考えられるが、能動的な取組ではないため評価法務の選択肢には含まれない。

問58　ＮＰＭ改革に関する次の記述のうち、妥当なものを1つ選びなさい。

①　保育所を廃止する条例の制定行為を抗告訴訟の対象となる行政処分に当たるとした最高裁判決は存在しない。

②　保育所を廃止する条例の制定行為の取消し等が求められた事件で、すでに児童が卒園していることから訴えの利益がないとした最高裁判決は存在しない。

③　独立行政法人制度については、独立行政法人通則法を根拠に国にのみ導入されており、自治体に導入する根拠となる法律は存在しない。

④　国又は自治体の公共サービスについて、官民競争入札・民間競争入札を活用して、最もすぐれた者にサービス提供を実施させる制度を定めた法律が2006年から存在する。

問59 既存の政策から利益を得ている者が、何らかの問題があってもそれを隠蔽し、政策課題に乗らないようにするという現実（こうした力を非決定権力という）に焦点を当てる理論・モデルとして妥当なものを、①〜④の中から1つ選びなさい。

① アジェンダ設定論

② 政策廃止論

③ ゴミ缶モデル

④ 「政策の窓」モデル

問60 市民運動に関する次の記述のうち、妥当なものを1つ選びなさい。

① 抵抗型市民運動は、高度経済成長を支えた急激な工業化に付随して生起した公害に対する反対運動が典型的だった。日本社会が低成長経済になり、また、環境配慮型の公共事業に転換するにしたがって、2000年以降、こうした運動形態はみられなくなった。

② 要求型市民運動は、市民による生活基盤防衛型の運動だった。環境権・幸福追求権といった憲法上の権利を構成し、同時に生存権の保障を強烈に求めた。1960年代後半から70年代前半にかけて、それらの要求に応えるべく多数の革新自治体が誕生した。

③ 参加型市民運動は、1973年のオイルショック以降の低成長経済時代において、財政危機に陥った自治体との共存を図ろうとするものだった。しかし、自治体の側では、市民運動への警戒感から市民参加の制度化に反対し、参加型市民運動は停滞した。

④ 自立型市民運動は、自治体から一定の距離を保ちつつ、その活動に自治体を巻き込もうとするものだった。ボランティア活動、市民の目からみたまちづくり、施設運営・イベント主催といった活動をとおして、自治体と対等に付き合っていく手法だった。

問61 規制政策を執行する場合の、違反者の類型に応じた戦略に関する次の記述のうち、妥当でないものを1つ選びなさい。

① 行政機関への反発からどんな対応にも抵抗する「反抗者」には、「制裁戦略」は逆効果の可能性がある。

② 規制に反することを確信してあえて違法性のあることを行う「異議申立者」には、「制裁戦略」が有効である。

③ 自身の損得勘定によって規制を遵守するか否かを判断する利己的な「悪意の違反者」には「周知戦略」は有効でない。

④ 規制の存在を知らずに軽微な基準違反をした「善意の違反者」には「制止戦略」は有効である。

問62 個人情報の訂正請求制度に関する京都市レセプト訂正請求事件判決（最判平18・3・10判時1932号71頁）において示された判断として妥当でないものを、①〜④から1つ選びなさい。

① 本件条例の定める訂正請求の制度は、基本的に、本件条例に基づいて開示を受けた自己の個人情報の内容に事実についての誤りがあると認める者に対し、その訂正を請求する権利を保障する

ことにより、市の管理する誤りのある個人情報が利用されることによる個人の権利利益の侵害を防止することを趣旨目的として設けられたものと解される。

② 実施機関は、国民健康保険法に基づくレセプトの審査権限、調査権限及び訂正権限の有無と関係なく、上記調査権を行使して、被控訴人が求める訂正内容について訂正されるべきか否かの判断を行うべきであり、法において保険者である京都市に審査権限及び調査権限が認められていないからとの理由だけで、当該請求に係る個人情報の訂正をしない旨の決定をすることは許されないものといわなければならない。

③ 実施機関が有する個人情報の訂正を行うための対外的な調査権限の内容にもかんがみれば、本件条例は、このような場合にまで、被上告人の実際に受けた診療内容について必要な調査を遂げた上で本件レセプトにおける被上告人の診療に関する情報を訂正することを要請しているとはいい難いと考えられる。

④ 本件条例は、訂正請求があったときは、実施機関が必要な調査をした上、当該請求に係る個人情報の訂正をする旨又はしない旨の決定をしなければならないとしているものの、実施機関に対してそのために必要な調査権限を付与する特段の規定を置いておらず、実施機関の有する対外的な調査権限におのずから限界があることは明らかである。

問63　公共サービスの外部化に関する次の記述のうち、妥当でないものを1つ選びなさい。

① 保育所を廃止する条例を制定し、民営化（社会福祉法人の運営への切替え）が行われた事案について、その条例制定行為が行政処分に当たるとした最高裁判所の判例がある。

② サービスの外部化による経費削減は、突き詰めると人件費の抑制につながる。このような改革が「官製ワーキングプア」を生み出しているという指摘がある。

③ 2018年の水道法改正により、水道施設の運営権を民間事業者に移譲する仕組み（コンセッション方式）が導入された。

④ 指定管理者制度とは、行政機関から一定の業務を分離し、その分離した業務を担当する機関に法人格を与えて、業務を遂行する制度である。

問64　情報公開制度に関する次の記述のうち、妥当なものを1つ選びなさい。

① 情報公開条例において不開示情報として規定されている情報については、個人情報等のように第三者の利益保護の観点から不開示とされているものもあるため、不開示情報に該当する情報は自治体の判断で開示することができない。

② 公の施設の指定管理者は民間機関であるため、自治体の情報公開条例において指定管理者に関する規定を設けることはできない。

③ 情報公開条例において、情報公開制度が規定されている以上、情報公開の対象となる公文書について情報公開制度に基づかずに情報提供することはできない。

④ 議会に対する開示請求に関する審査請求についても、自治体の長が設置する情報公開審査会に諮問することがみられる。

問65　国の関与等に関する次の記述のうち、妥当なものを１つ選びなさい。

① 国の各大臣から自治体の機関に対し、法令の解釈基準や裁量基準を内容とする通知が発せられるとき、その法的性格は、自治事務に係るものであれば地方自治法上の技術的助言に当たり、法定受託事務に係るものであれば同法上の技術的助言又は処理基準のいずれかであることが一般的である。

② 法令を所管する国の各府省庁の関係者が編者や執筆者となっているその法令の解説書が民間の出版社から発行されることがあるが、これも地方自治法上の関与の一形態である。

③ 国の各大臣による関与のうち法的拘束力のあるものについては、国地方係争処理委員会への審査の申出を行い、さらに場合によっては当該審査を経た上で関与の取消しなどの訴えを提起することができるが、これまで自治体の訴えが認められた例はない。

④ 地方自治法上の関与の一形態に当たる所管大臣の同意を得ることができたときは、これに基づいて行われる自治体の事務が違法と評価されることはない。

問66　マックス・ウェーバーの官僚制の原則に関する次の記述のうち、妥当でないものを１つ選びなさい。

① 階統制の原則

② 権限の原則

③ 公私の融合の原則

④ 文書主義の原則

問67　条例をめぐる法制執務知識に関する次の記述のうち、妥当なものを１つ選びなさい。

① 条例の文体には「である」調を用いる必要があり、「ですます」調を用いることはできない。

② 条例の雑則規定は実体規定を前提としており、実体規定は総則規定を前提としているため、総則規定が存在すれば、実体規定がなくても雑則規定を置くことは可能である。

③ 住民に義務を課す規定は条例の専属的所管事項であるが、条例自身が委任規定を整備すれば、規則に包括的に委任することも認められる。

④ 改正内容を市民や議会に分かりやすいものとするため、条例の一部改正に際しては、最近は新旧対照表方式を導入する自治体が増えている。

問68　国又は都道府県の自治体への関与に関する次の記述のうち、妥当でないものを１つ選びなさい。

① 国又は都道府県の自治体への関与について、地方自治法において「関与の法定主義」が明記されている。

② 国又は都道府県の自治体への関与は、「その目的を達成するために必要な最小限度のものとする」ことが求められているが、普通地方公共団体の自主性及び自立性への配慮までは必要ない。

③ 助言等は、関与法定主義と相まって書面による手続を基本としている。

④ 「是正の要求」は、必要措置を講じる法的な義務が生じるが、いかなる措置の内容を講じるかは自治体が判断する。

問69　機関訴訟等についての政策法務の観点からの検討事項に関する次の記述のうち、妥当でないものを1つ選びなさい。

①　原子力発電所の設置や新幹線・高速道路の計画など、国の許認可に基づくプロジェクトが自治体の存在に重要な影響を及ぼす場合には、処分の第三者である自治体の原告適格を認める必要があるという見解がある。

②　住民が国や事業者を相手に訴訟提起をするに当たり、自治体が情報提供や資金援助を行うなど原告住民を支援する仕組みを条例で作ることは、公費の支出や支援対象の選別の妥当性といった観点から望ましくない。

③　自治体は、地方自治法の1999年改正で創設された国地方係争処理制度を必要に応じて積極的に活用していく必要がある。

④　制度設計が経済的・社会的な状況の変化に適応せず、まちづくりをめぐって受益と負担の関係に不整合が生じている法令については、個々の自治体が法令の制定改廃手続に参加し、意見を表明するための機会を制度的に保障することが重要である。

問70　新型コロナウイルス対策に関する次のア〜エの記述のうち、妥当なものをすべて掲げた選択肢を、①〜④から1つ選びなさい。なお、新型インフルエンザ等対策特別措置法は2021年2月改正前のものとする。

> ア　新型コロナウイルスのような世界的感染症については、国の対策が重要であるが、実際の感染はいずれかの地域で始まり、かつ地域の実情に応じた対策が求められるため、自治体の役割も重要である。
> イ　新型インフルエンザ等対策特別措置法は、住民の外出や施設管理者等の事業の制限については要請が中心になっており、罰則もないため、対策の実効性に問題があるほか、「自粛警察」のような動きが生まれ、社会的公正の点で問題があった。
> ウ　新型インフルエンザ等対策特別措置法は、全国一律の規制を定めたものであり、条例で住民や施設管理者に対する協力要請や命令を定めると違法になると解釈されているため、実際に制定された条例も、理念やマナーを定める条例にとどまっている。
> エ　新型インフルエンザ等対策特別措置法に基づく施設管理者等に対する事業の自粛要請については、いわゆる「特別の犠牲」に該当し、憲法上の損失補償が必要と解されるため、国の協力金では不十分とする意見が強かった。

①　ア、イ

②　ア、イ、ウ

③　ア、ウ、エ

④　イ、エ

第2節　解答と解説

<問1>　2

〔正解〕④（配点15点）

〔解説〕①は妥当でない。刑罰規定を条例で整備することは、地方自治法上明文で認められている（14条3項）。②は妥当でない。氏名公表手法につき、通説的見解は侵害留保原則に反しないとしているが、実務上は、条例で規定を整備している場合も多い。③は妥当でない。届出制については、その実効性を確保するために命令制を併用し、罰則によって実効性を担保することが一般的である。④は妥当である。選択肢に記載の通りである。（政策法務テキスト73～78頁）

<問2>　1

〔正解〕②（配点10点）

〔解説〕①は妥当である。選択肢に記載の通りである。②は妥当でない。機関委任事務制度は全国一丸となって戦後復興や高度成長に取り組む原動力として戦後一定の効果を挙げ、補助負担金制度は自治体のインフラ整備や事務執行の財政運営を確保する重要な制度として機能し、日本の急速な発展に寄与した。③、④は妥当である。選択肢に記載の通りである。（政策法務テキスト14～16頁）

<問3>　5

〔正解〕①（配点10点）

〔解説〕①は妥当でない。中央地方の相互依存関係においては、自治体側に選択の余地、自治権の拡大の可能性はあるが、多様化した行政ニーズへのきめ細かな対応をすることが困難になるなど、自治体の自治能力・機能の低下を引き起こす強い傾向がみられる。②、③は妥当である。選択肢に記載の通りである。④は妥当である。環境状況も政策課題も自治体毎に異なる以上、自治型の行政技術は他所からの模範ではすまないと考えられている。（政策法務テキスト190～192頁）

<問4>　8

〔正解〕③（配点15点）

〔解説〕アは妥当である。国や自治体などは総合的に公共政策に携わるが、最近では公共的な課題に対するNPO（非営利団体）やボランティアなどによる活動が重要になっている。イは妥当でない。条例制定だけでなく、各種行政計画も目的と手段の体系によって作られれば公共政策となる。ウは妥当でない。ごみ屋敷も環境、衛生などの公共的課題である。エは妥当である。公共政策は目的と手段の体系をなすものであり、それを実現するための具体的な手段を示していないスローガン的なものは公共政策とはいえない。（政策法務テキスト294, 297頁）

<問5>　7

〔正解〕③（配点25点）

〔解説〕①は妥当でない。「行政機関の保有する電子計算機処理に係る個人情報の保護に関する法律」

の制定は1988年であり、個人情報保護制度についても法律より条例が先行した。②は妥当でない。
自治体の個人情報保護は、行政機関個人情報保護法ではなく、個人情報保護法11条において規定
された。③は妥当である。選択肢に記載の通りである。④は妥当でない。2018年ＧＤＰＲ対応に
ついては、2020年に個人情報保護法の改正を行っている。（政策法務テキスト279〜281頁）

<問6> 4

〔正解〕①（配点15点）

〔解説〕①は妥当でない。私人間の紛争調停や司法制度によって問題を解決できるのであればそれ
に委ねることが望ましく、条例制定の最低限の条件の１つである必要性が欠けているのに、あえ
て条例を制定することは望ましくない。②、③、④は妥当である。選択肢に記載の通りである。
（政策法務テキスト159〜162頁）

<問7> 2

〔正解〕③（配点10点）

〔解説〕①は妥当でない。条例の立案に当たり、効率性を考慮することも重要である。②は妥当で
ない。条例の立案に当たり、先行する他自治体の条例が少ない場合などには、比較検討の対象と
して外国の法制度を参照することも求められる。③は妥当である。選択肢に記載の通りである。
④は妥当でない。条例に取り入れるべき行政手法は、必ずしも単一であるとは限らない。複数の
行政手法を複合的に組み合わせることにより、各手法のデメリットを補完しメリットを生かすこ
とができる場合もある（規制的手法と誘導的手法など）。（政策法務テキスト72〜73頁）

<問8> 6

〔正解〕①（配点15点）

〔解説〕①は妥当でない。メニュー型市民参加条例において、行政裁量をどの程度認めるべきかは
問題になるが、必ずしも「一対一」で結びつけて裁量をなくすことが求められるわけではなく、
対象に応じて適正に選択されるように制度設計すべきである。②は妥当である。選択肢に記載の
通りである。③は妥当である。地方自治法138条の４第３項の解釈により要綱設置の附属機関類
似組織を違法とする判決が複数ある。ただし、こうした判決に対しては異論があることにも注意
が必要である。④は妥当である。選択肢に記載の通りである。（政策法務テキスト244〜248頁）

<問9> 1

〔正解〕③（配点15点）

〔解説〕①、②は妥当である。選択肢に記載の通りである。③は妥当でない。検閲は裁判所による
出版物の差止命令などの例外的に認められる場合がある表現の事前抑制とは異なり、絶対的に禁
止される。④は妥当である。判例によれば、検閲の主体は行政権に限定される。（政策法務テキ
スト31〜32頁）

<問10> ☒1

〔正解〕① （配点15点）

〔解説〕①は妥当である。選択肢に記載の通りである。②は妥当でない。現在、危機管理法務が重視されつつあることは確かであるが、審査法務や基礎法務等の重要さを超えてまで、自治体法務や政策法務の中心とはいえない。③は妥当でない。地方分権以前の自治体法務の現場でも、立法法務や解釈運用法務等が重要との認識はあったものの、活動は活発とはいえなかった。④は妥当でない。国際情勢の不確実性などからも、非常時の法務活動の体制を確立することは今後の重要な課題としてあげられる。（政策法務テキスト9〜10頁）

<問11> ☒3

〔正解〕② （配点25点）

〔解説〕①は妥当でない。金銭の納付を命ずる処分には、行政手続条例が適用されるものの、同条例に基づく意見陳述手続の規定は、直ちには適用されない（行政手続法13条2項4号など）。②は妥当である（地方自治法255条の3）。③は妥当でない。裁判所の判決を経なくとも自力執行が可能である（地方自治法231条の3第3項）。④は妥当でない。条例で5倍と規定していても、比例原則により、不正免脱額の5倍の額まで自由に過料を科してよいというものではない。（政策法務テキスト131頁）

<問12> ☒6

〔正解〕③ （配点10点）

〔解説〕①、②は妥当である。市民参加という用語は何を意味しているのか。これは市民活動に（行政機関を含む誰かが）参加するという意味ではなく、市民が（市民活動を含む公共的な活動に）参加することを意味しており、言わば参加の主体に着目した用語である。その参加主体としての市民には、行政活動の対象としての市民のみならず、主権者としての市民が含まれることはもちろん、公務の担い手としての市民も含まれ、法人である場合も考えられる。③は妥当でない。パブリックコメント制度は、事前公表された政策案に市民が意見を提出するだけでなく、提出された意見に対する行政機関の考え方の公表も含んでいる。④は妥当である。自治体によっては、条例により、住民投票のような直接参政制度を採り入れているが、地方自治法上の制度として一般的に採用されている間接民主制による意思決定方式に代替し得るものとは考えらえていない。（政策法務テキスト240，242〜244頁）

<問13> ☒6

〔正解〕① （配点15点）

〔解説〕①は妥当でない。自治体における政治的意思決定は、国の法律（地方自治法）がその基本的な仕組みを間接民主制の形で示しているところであり、条例でこれを書き換えることには、異論が強い。ただし、国の法律といえども「地方自治の本旨」（憲法92条）に反することは許されず、憲法適合的に地方自治法を解釈する場合、条例による自治体ごとの意思決定方式の採用を違法とまでいうべきではないという考え方もあり、その見解からすれば、具体的な局面における法的拘束力の内容・程度に応じた議論が必要になる。②は妥当である。住民投票の成立要件が設定され

ており、これを念頭に置いた棄権呼びかけ運動も存在する。③は妥当である。他の市民参加手法が参加意欲の高い市民を対象にしていることからすると対照的である。④は妥当である。選択肢に記載の通りである。（政策法務テキスト244，246〜247，250〜251頁）

<問14> **1**

〔正解〕②（配点10点）

〔解説〕①は妥当でない。「法令事務条例」と「自主条例」の説明が逆である。②は妥当である。「独自事務条例」は関連する法律がないため、もっぱら合憲性が問題となる。③は妥当でない。「「必要的事項」条例」の根拠が地方自治法14条2項（侵害留保）であり、「「任意的事項」条例」の根拠は日本国憲法94条、地方自治法14条1項（重要事項留保）である。④は妥当でない。条例と規則は別個の法形式であり、法律に基づき制定される政省令と同様の関係ではない。（政策法務テキスト39〜43頁）

<問15> **4**

〔正解〕④（配点15点）

〔解説〕①は妥当でない。説明責任の履行や訴訟要件に係る判決の予測可能性の低さといった観点から、訴訟要件を争う「必勝主義の訴訟政策」の妥当性を再検討することが考えられる。②は妥当でない。住民であれば誰でも、自己の権利利益と関わりなく、住民全体の利益を代表する立場から提起することができる住民訴訟は、「客観訴訟」と位置付けられる。③は妥当でない。宝塚市パチンコ店等規制条例事件・最判平14・7・9民集56巻6号1134頁により、相手方が行政主体か私人かを問わず、自治体が行政権の主体として行政訴訟を提起することは、法律に特別の規定がない限り不可能になったと考えられている。④は妥当である。幼稚園・保育園の入園に関する事件や生活保護に関する事件などで、複数の裁判所が仮の義務付けを命じるという決定が出ている。（政策法務テキスト173〜175頁）

<問16> **5**

〔正解〕②（配点15点）

〔解説〕①は妥当である。選択肢に記載の通りである。②は妥当でない。協議の対象となる事項は、（1）国と地方公共団体との役割分担に関する事項、（2）地方行政、地方財政、地方税制その他の地方自治に関する事項及び（3）経済財政政策、社会保障に関する政策、教育に関する政策、社会資本整備に関する政策その他の国の政策に関する事項のうち、地方自治に影響を及ぼすと考えられるもので、（1）〜（3）のうち重要なものに限定されている（「国と地方の協議の場に関する法律」3条）。③は妥当である（同法2条8項）。④は妥当である。選択肢に記載の通りである。（政策法務テキスト216〜217頁）

<問17> **4**

〔正解〕④（配点10点）

〔解説〕①、②、③は妥当である。選択肢に記載の通りである。④は妥当でない。評価・争訟法務は、法務マネジメントサイクル（Plan＝立法／Do＝法執行／Check−Action＝評価）のうち「Check

－Action」の部分に相当する。（政策法務テキスト142～143頁）

<問18> 5

〔正解〕③（配点15点）

〔解説〕①、②、④は妥当である。選択肢に記載の通りである。③は妥当でない。地方分権推進委員会と地方分権改革推進委員会は法律に基づく設置、地方分権改革推進会議は政令に基づく設置で、有識者、民間人などを構成員として政府に分権改革のあり方を勧告、意見等する組織である。（政策法務テキスト192～194頁）

<問19> 3

〔正解〕①（配点15点）

〔解説〕①は妥当でない。最高裁はいわゆる川崎民商事件（最大判昭47・11・22刑集26巻9号554頁）において、本選択肢の記述とは逆に、行政調査について「刑事責任追及を目的とするものでないとの理由のみで、その手続における一切の強制が当然に右規定〔憲法35条〕による保障の枠外にあると判断することは相当ではない」として、行政上の調査手続にも憲法35条の令状主義が要求されるものがあり得るという立場を示している。②は妥当である。法律（地方自治法231条の3第3項）の定めがなければ、民事の手続によることになる。③は妥当である。最高裁の判示内容（農業共済掛金等請求上告事件・最大判昭41・2・23民集20巻2号320頁）から本選択肢のように考えられている。④は妥当である。批判はみられるが、最高裁は本選択肢の記述内容を判示している（宝塚市パチンコ店規制条例事件・最判平14・7・9民集56巻6号1134頁）。（政策法務テキスト122～123，125，127頁）

<問20> 4

〔正解〕①（配点25点）

〔解説〕①は妥当である。「国の利害に関係のある訴訟についての法務大臣の権限等に関する法律」（法務大臣権限法）6条の2第1項による。②は妥当でない。法務大臣の所部の職員が本件取消訴訟を行うことはあり得るが（法務大臣権限法6条の2第4項）、都道府県知事の所部の職員が市の訴訟を代理することはできない。③は妥当でない。行政事件訴訟の提訴（控訴などの上訴を含む）については、議会の議決は不要である（地方自治法96条1項12号）。④は妥当でない。認容されるかどうかは別だが、違法な公権力の行使に対する国家賠償請求は、取消訴訟を経なくても提訴することができる（最判昭36・4・21民集15巻4号850頁）。（政策法務テキスト173～175頁）

<問21> 3

〔正解〕①（配点25点）

〔解説〕①は妥当である。自治体が担う事務の法解釈の責任は、すべて自治体が負うものであるから、国からの通知類に反した措置をとったとしても、そのことが原因で違法になるわけではない。自治体の行政措置内容自体が問題とされる。②は妥当でない。①の考え方の当然の帰結として、国からの通知類に従って自治体が行政措置を講ずることは、自治体の法的責任を免除しない。③は妥当でない。法定受託事務に関する通知類には「技術的な助言」の場合もある。また、「処理

基準」に該当するとしても、通知類と異なる措置をとることも必ずしも違法ではない。自治体の行政措置内容自体が問題とされる。④は妥当でない。法定受託事務に関する通知類には「技術的な助言」の場合もあるし、また、「処理基準」に従ったからといって責任が問われないわけではない。（政策法務テキスト136頁）

＜問22＞ 5

〔正解〕②（配点10点）

〔解説〕①、③、④は妥当である。選択肢に記載の通りである。②は妥当でない。地方自治法2条8項は、「この法律において「自治事務」とは、地方公共団体が処理する事務のうち、法定受託事務以外のものをいう。」とする。（政策法務テキスト203～205頁）

＜問23＞ 2

〔正解〕②（配点15点）

〔解説〕①は妥当でない。地方分権一括法は機関委任事務等の廃止を行ったが、自治体の事務処理に対する個別法による規律密度は依然として高いままである。②は妥当である。地方分権一括法の制定・施行に伴い、従来の機関委任事務が廃止され、地方自治法には新たに自治事務及び法定受託事務が規定されることとなったが、これらはいずれも自治体の事務であり、それゆえに条例制定の対象でもある（地方自治法2条2項・8項・9項、14条1項）。③は妥当でない。自治体による条例制定について、総務大臣との協議は義務付けられていない。なお、以前は、条例の制定改廃について、都道府県は総務大臣に、市町村は知事に報告することが規定されていた（旧地方自治法252条の17の11）が、2011年の地方自治法改正によりこの報告制度も廃止されている。④は妥当でない。機関委任事務制度は、自治体の長を国の機関に位置づける制度であり、自治体がその事務処理について独自に条例を制定できる余地はなかった。（政策法務テキスト51頁）

＜問24＞ 7

〔正解〕④（配点10点）

〔解説〕①は妥当でない。「行政機関の保有する情報の公開に関する法律」では、知る権利に基づく旨が規定されていない。また、自治体の情報公開条例においてもすべての自治体で知る権利に基づく旨が規定されているわけではない。②は妥当でない。濫用的請求の場合は、請求を却下等できるとするのが裁判例である（東京高判平23・11・30訟月58巻12号4115頁、名古屋高判平25・10・30判自388号36頁等）。また、公文書が不存在の場合には、当然に開示することなく不存在決定を行う。③は妥当でない。官報や地方自治体の広報誌等のように一般的に入手可能なものは、情報公開制度の対象とされないのが一般的である。④は妥当である。選択肢に記載の通りである。（政策法務テキスト266～268頁）

＜問25＞ 3

〔正解〕④（配点10点）

〔解説〕①は妥当である。裁判所は、講学上、判断過程審査といわれる手法をとることがある（日光太郎杉事件・東京高判昭48・7・13行裁例集24巻6＝7号533頁等参照）。②は妥当である。不

利益処分のように相手方の権利利益を大きく制約する行為において法定手続違反があった場合、内容的に問題のない処分であっても違法となる可能性がある。③は妥当である（神戸税関事件・最判昭52・12・20民集31巻7号1101頁、マクリーン事件・最判昭53・10・4民集32巻7号1223頁等参照）。講学上、社会観念審査といわれるもので、このときに用いられる具体的な判断基準としては、重大な事実誤認、目的・動機違反、平等原則違反、比例原則違反が挙げられる。④は妥当でない。市民の立場からすると、訴訟において裁判所が示す基準は、ここまでひどいことをしても違法とまではいえないという線引きにすぎないため、真に最適な裁量権の行使を実現するためには、より厳格な基準によって自治体の判断を統制する必要があるといえる。（政策法務テキスト118～119頁）

<問26> ⒈

〔正解〕③（配点10点）

〔解説〕①、②は妥当である。選択肢に記載の通りである。③は妥当でない。憲法価値の実現は、「必要に応じ」ではなく、「常に」念頭に置く必要がある。④は妥当である。選択肢に記載の通りである。（政策法務テキスト4～5頁）

<問27> ⒉

〔正解〕③（配点15点）

〔解説〕①は妥当である。誘導的手法のうちの補助手法とは、行政が意図する一定の活動を行うように活動資金の一部を補助したり、行為の助成を行うなどの手法である。生ごみ処理機の購入費用の助成は、生ごみの省資源化を通じたごみの減量を達成するために住民にインセンティブを与えるものといえる。②は妥当である。当該措置は、住民に対して自治体によって指定された有料ごみ袋を使用するよう義務付けるものである点で規制的手法といえるが、ごみの減量を達成するために住民にディスインセンティブを与えるものである点で誘導的手法といえる。③は妥当でない。当該公表措置は、住民に対して調査の経過・結果を公表するものであって、一定の作為義務や不作為義務を課すものではないため、法律や条例による授権は不要と考えられる。④は妥当である。病原性大腸菌（O-157）の原因食材の特定とその調査結果の公表をめぐって争われた2つの高裁判決において、国の損害賠償責任が肯定されている（東京高判平15・5・21判時1835号77頁、大阪高判平16・2・19訟月53巻2号541頁）。（政策法務テキスト64～65，68頁）

<問28> ⒌

〔正解〕②（配点15点）

〔解説〕①は妥当でない。自治基本条例は、都道府県レベルでは、北海道に次いで2009年に神奈川県が制定しているだけであり、また、全自治体でも397自治体（22.1％）で制定されているに過ぎない（ＮＰＯ法人公共政策研究所調査）。②は妥当である。選択肢に記載の通りである。③は妥当でない。原案は住民有志が作成し、長はそれに対する意見を付して議会審議となる。④は妥当でない。住民参加型審議会方式、住民委員会方式、それに職員プロジェクトチーム方式が組み合わされて原案が作成されるのが一般的である。（政策法務テキスト222，223頁）

<問29> 2

〔正解〕④（配点10点）

〔解説〕①は妥当である。地方分権改革後、自治基本条例を定める自治体は増加したが、地方自治法等において、その制定が義務付けられているわけではない。②は妥当である。地方自治法90条1項及び91条1項は、「都道府県〔市町村〕の議会の議員の定数は、条例で定める。」と規定している。また、同法172条3項は、「……職員の定数は、条例でこれを定める。」と規定している。③は妥当である。地方自治法14条2項は、「普通地方公共団体は、義務を課し、又は権利を制限するには、法令に特別の定めがある場合を除くほか、条例によらなければならない。」と規定している。④は妥当でない。地方自治法228条1項は、「分担金、使用料、加入金及び手数料に関する事項については、条例でこれを定めなければならない。……」と規定している。（政策法務テキスト54〜55頁）

<問30> 2

〔正解〕②（配点10点）

〔解説〕①は妥当である。選択肢に記載の通りである。なお、刑罰規定については遡及適用が認められることはない。②は妥当でない。附則規定において既存の他条例を改廃することは可能である。③、④は妥当である。選択肢に記載の通りである。（政策法務テキスト90〜92頁）

<問31> 2

〔正解〕①（配点15点）

〔解説〕①は妥当でない。行政手続法36条の2第1項本文は、「法令に違反する行為の是正を求める行政指導（その根拠となる規定が法律に置かれているものに限る。）の相手方は、当該行政指導が当該法律に規定する要件に適合しないと思料するときは、当該行政指導をした行政機関に対し、その旨を申し出て、当該行政指導の中止その他必要な措置をとることを求めることができる。」と規定している。②は妥当である（行政手続法36条の3第1項）。③は妥当である（行政手続法35条1項・3項）。④は妥当である（行政手続法33条）。（政策法務テキスト65頁）

<問32> 4

〔正解〕③（配点15点）

〔解説〕①は妥当でない。宝塚市は敗訴を受けて条例の見直しを検討していたが、その時期が遅きに失したため、パチンコ店の工事着工に間に合わせることはできず、最終的には3つのパチンコ店が出店することとなった（最判平14・7・9民集56巻6号1134頁）。②は妥当でない。大阪市は、住民訴訟を受けて、根拠条例の規定を改正し、特別昇給を実施する場合を定める形式を要綱から規則へ改めた（大阪地判平18・8・23判タ1247号168頁）。したがって、この大阪市特別昇給住民訴訟事件は、争訟を契機とする条例の見直しの例といえる。③は妥当である。四日市市にとっては、年間2,000万円に達していた取水協力費の支払いを200万円の交付金の支払いへと減額することができた点、東員町にとっては、協力費について四日市市から一定の妥協を引き出すことができた点で、両者にメリットのある和解となったと考えられる。④は妥当でない。横浜市立保育園廃止処分取消請求事件を受けて、横浜市は、次年度以降の市立保育所民営化に当たり、公表時

期を早めたほか、民営化された保育園の見学会を実施するなど、法執行の見直しを行った（横浜地判平18・５・22民集63巻９号2152頁）。（政策法務テキスト183～186頁）

<問33> 5

〔正解〕④（配点10点）

〔解説〕①、②、③は妥当である。選択肢に記載の通りである。④は妥当でない。自治基本条例には、それが個別条例の制定・運営方針や自治体政策の体系化を促すと同時に、個別条例や施策が当該自治体の自治の基本理念に即しているかを判断する「ものさし」として機能することも求められている。（政策法務テキスト220，221頁）

<問34> 8

〔正解〕④（配点10点）

〔解説〕①、②、③は妥当である。選択肢に記載の通りである。④は妥当でない。どの職場にも法的又は政策的な能力が高い職員によるサポートがあるわけではない。ＯＪＴ（職場研修）は、実務知識の養成に特に効果が期待される。（政策法務テキスト331～332頁）

<問35> 5

〔正解〕③（配点15点）

〔解説〕①は妥当である。議員定数の規定（地方自治法90、91条）は、当初の人口規模別の法定化から、条例による減少可能規定の措置→法定上限の範囲内での条例化→法定上限の撤廃による完全な条例化となった。②は妥当である。選択肢に記載の通りである。③は妥当でない。定例会の招集回数は各自治体が条例により定めることができ（地方自治法102条２項）、また、2012年の地方自治法改正で通年会期制度を選択することが可能となった(同法102条の２)。④は妥当である。この2012年改正は、特定の自治体において、長が議会を招集せずに専決処分を繰り返すなど、地方自治法がおよそ想定していなかったような措置が講じられたことを背景になされた。（政策法務テキスト228～229頁）

<問36> 3

〔正解〕②（配点15点）

〔解説〕①は妥当でない。前半部分の記述は妥当であり、したがって行政代執行の対象になる。②は妥当である。選択肢に記載の通りである。③は妥当でない。工事中止義務は不作為義務であり、行政代執行の対象にはならない。④は妥当でない。建物の除却義務は不作為義務ではなく、代替的作為義務である。（政策法務テキスト123頁）

<問37> 5

〔正解〕④（配点25点）

〔解説〕アは妥当でない。国は国が本来果たすべき役割を「重点的に」担い、住民に身近な行政は「できる限り」自治体にゆだねることを基本として、地方公共団体との間で適切に役割を分担することとされている（地方自治法１条の２第２項）。イは妥当でない。「地域における事務」（地方自

治法2条2項）とは、国が本来果たすべき役割を除き、自治体の事務・権能の総体を示す概念であり、法定受託事務も含まれる。ウは妥当である。この規定は、地方自治法2条12項であるが、この規定は法定受託事務も対象としている（これに対し、2条13項は自治事務に限定された規定である）。エは妥当でない。都道府県は、広域的事務、連絡調整事務、補完的事務の3つを処理するものとされ（地方自治法2条5項）、これらの中に自治事務と法定受託事務が含まれている（3つのほかに法定受託事務があるわけではない）。（政策法務テキスト194～196頁）

＜問38＞　③

〔正解〕　③（配点10点）

〔解説〕　①は妥当である。選択肢に記載の通りである。②は妥当である。最高裁判所の判断は、法の解釈を通じて、法の内容を形成していると考えて事務処理をするのが適切であるとされる。③は妥当でない。刑法の解釈において類推解釈が禁止されるのは、類推解釈を認めれば立法機関ではない裁判所の判断により事後的に罰則を創設して処罰することを認めることに等しく、これが罪刑法定主義（憲法31条参照）に反するとされるためであるところ、この考え方は、刑法の場合ほどに厳密なものでないとしても、行政上の秩序罰規定の解釈においても妥当するとされる。④は妥当である。定義規定がある法令の用語の意味については、その定義規定による（法規的解釈の優先）。（政策法務テキスト104～106頁）

＜問39＞　④

〔正解〕　④（配点10点）

〔解説〕　①は妥当でない。苦情対応では、受け付けられた苦情の調査・検討は、行政内部で行われる。②は妥当でない。住民の権利利益の救済を充実させるため、苦情対応を公式な制度として作り上げることが有効と考えられている。③は妥当でない。オンブズマンとは、国民ないしは住民に代わって、苦情の解決や行政運営の適正確保を図るために独立して行動する人を意味する。④は妥当である。また、自治体オンブズマン制度は、必ずしも白黒をつけることが望ましくないような苦情について、柔軟な解決を図ることができる意味でも、その意義は大きいと考えられる。（政策法務テキスト181～183頁）

＜問40＞　③

〔正解〕　①（配点10点）

〔解説〕　①は妥当でない。選択肢は裁量基準の自己拘束性を述べるものであるが、この性質は、平等原則により導かれるものと説明されている。なお、その裁量基準が適正な手続により設定されたことのほか、内容に合理性があることが拘束力の前提となることに注意が必要である。②は妥当である。例えば、特定の種類の非違行為をした職員に対しては「減給、停職又は免職」の懲戒処分をするとの規定が存在する場合においては、3種類の処分のいずれを選択しても、形式的には当該規定に準拠していることとなる。しかし、処分が合理的であるというためには、行われた非違行為の具体的な事情に応じて、適切な強度の処分が選択される必要がある。③は妥当である。裁量基準が長らく見直されておらず適正確保原則に照らして妥当性に疑義が生じている場合などにおいて、具体的な妥当性を追求するため、あえて既存の裁量基準によらないこととする事案処

理もあり得る。ただし、形式的には平等性を欠いているようにみえてしまうため、住民らの納得が得られるよう、合理的な説明ができるようでなければならない。④は妥当である。処分の理由を提示する義務の趣旨は、行政庁に慎重な判断をすることを要求することによって手続的に裁量の統制を図ろうとするものである。この趣旨は、申請を拒否する処分及び不利益処分のいずれについても及ぶ（行政手続法8条、14条参照）。（政策法務テキスト115〜116頁）

<問41> 1

〔正解〕④（配点15点）

〔解説〕①は妥当でない。地方分権改革によって通達の自治体に対する拘束力は失われた。②は妥当でない。技術的な助言は法的拘束力を有せず、処理基準も基準自体には法的拘束力はないと考えられている。③は妥当でない。自治体からの照会に対する回答という形をとるものに限られるものではない。④は妥当である。行政実例は裁判所を当然に拘束するものではないから、たとえ自治体が行政実例に従って事務処理をしても、違法と判断されることがある。差押債権支払請求事件（最判昭59・5・31民集38巻7号1021頁）は、督促異議の申立てによって訴えの提起があるとみなされる場合において、当該訴えの提起は地方自治法96条に定める訴えの提起には当たらないという行政実例が否定され、議会の議決を得ていなかった自治体が敗訴した事例である。（政策法務テキスト38〜39頁）

<問42> 8

〔正解〕②（配点15点）

〔解説〕Aは功利主義が該当する。多数者の利益になるなら、少数の利益はある程度犠牲になって仕方がないと考えるものであるためである。リベラリズムは自由権の保障を重視するため妥当でない。Bはコミュニタリアニズムが該当する。地域社会の共通善として正当化される可能性があるためである。リバタリアニズムは個人の自由・所有権を徹底して保障することを主張するものであるため、正当化は難しい。よって、②が妥当である。（政策法務テキスト298〜300頁）

<問43> 2

〔正解〕④（配点25点）

〔解説〕①、②、③は妥当である。選択肢に記載の通りである。④は妥当でない。徳島市公安条例は、交通秩序を維持しない集団行進又は集団示威行動の主催者・指導者・煽動者を「1年以下の懲役若しくは禁錮又は5万円以下の罰金に処する。」としていたが、規制の必要性との関係で合理性を失しないと判示している。（政策法務テキスト50〜51頁）

<問44> 2

〔正解〕③（配点10点）

〔解説〕①は妥当である。成文法の立案も審査も、その過程において成文法の解釈を検討しながら進められる。②は妥当である。法令の制定・改正に際しては、一般市民が法令の意味を一義的に理解できるようにする必要がある。③は妥当でない。自治体の事務処理に際して法制執務の知識は不可欠である。④は妥当である。選択肢に記載の通りである。（政策法務テキスト85頁）

<問45> 4

〔正解〕①（配点15点）

〔解説〕①は妥当である。選択肢に記載の通りである。②は妥当でない。能動的評価法務は法制評価や立法評価と共通する部分が多い取組みである。③は妥当でない。能動的評価法務には、法執行の評価・見直しだけではなく条例の評価・見直しも含まれる。④は妥当でない。能動的評価法務は問題の発生を受けて行うべき取組みではない。（政策法務テキスト144頁）

<問46> 1

〔正解〕①（配点15点）

〔解説〕①は妥当である（地方自治法2条13項）。②は妥当でない。通達についてこのような定めはない（地方自治法2条11項）。なお、国と自治体の間に通達は存在しない（国家行政組織法14条2項）。③は妥当でない。立法原則と解釈・運用原則は憲法で保障されている地方自治の本旨のうちの団体自治の強化に関するものであるため、それに反すると違憲問題になり得る。④は妥当でない。団体自治は地方自治が国から独立した団体が自らの意思と責任のもとでなされるという自由主義的・地方分権的要素を含み、住民自治は地方自治が住民の意思に基づいて行われるという民主主義的要素を含む。（政策法務テキスト24頁）

<問47> 2

〔正解〕②（配点10点）

〔解説〕行政指導について定義をする行政手続法2条6号によれば、「行政機関がその任務又は所掌事務の範囲内において一定の行政目的を実現するため特定の者に一定の作為又は不作為を求める指導、勧告、助言その他の行為であって処分に該当しないものをいう。」と規定されている。したがって妥当なものは②である。（政策法務テキスト65頁）

<問48> 3

〔正解〕②（配点15点）

〔解説〕①は妥当でない。憲法31条が明文で定めているのは刑罰についてのみである。この点、いわゆる成田新法に基づく工作物等使用禁止命令取消等請求事件上告審判決（最大判平4・7・1民集46巻5号437頁）は、刑事手続でないとの理由のみで憲法31条の定める法定手続の保障の枠外にあると判断することは相当でないと述べたうえ、一般に、行政手続は、刑事手続とその性質において差異があり、また、行政目的に応じて多種多様であるから、行政処分の相手方に事前の告知・弁解・防御の機会を与えるかどうかは、行政処分により制限を受ける権利利益の内容、性質、制限の程度、行政処分により達成しようとする公益の内容、程度、緊急性等を総合較量して決定されるべきものであって、常にそのような機会を与えることを必要としているものではないとしている。②は妥当である。選択肢に記載の通りである。③は妥当でない。聴聞や弁明の機会の付与の手続の趣旨は、不利益処分の原因となる事実について、自治体当局の事実認定が正しいかどうかについて、名宛人となるべき者に意見を述べさせることによりその防御権を行使する場・機会を設けようとするものである。④は妥当でない。聴聞や弁明の手続の趣旨に鑑みて、事前の通知においては、相手方が自治体当局の事実認定に対して適切に反論するための準備ができ

る程度に具体的な記載がなされることが求められる。（政策法務テキスト103頁）

<問49> 5

〔正解〕②（配点10点）

〔解説〕①は妥当である。特に、後者の領域では、自治体独自の議決事件の追加、議員提案条例な
どの取組みが特徴的である。②は妥当でない。地方分権改革の取組みが進展するにつれて、議会
の権限をより広範に捉えようとする見方が主流になり、総合計画をはじめとした各種重要計画の
決定を議決事件として追加している自治体が多い。③は妥当である。選択肢に記載の通りである。
都道府県や政令市、特別区では、議員提案条例がみられる自治体の割合が高い。④は妥当である。
選択肢に記載の通りである。（政策法務テキスト229〜232頁）

<問50> 6

〔正解〕④（配点10点）

〔解説〕①は妥当である。市民と行政の対等な関係を構築し維持するために、双方に提案権を与え
た上で、中立な第三者が採択に介在することが望ましい。②は妥当である。ただし、補助の期間
や内容、手続のあり方によっては市民と行政の対等性が損なわれ得るので、経過的・限定的な措
置として位置付けられる。③は妥当である。協働事業に対する支援が自治体の予算措置によって
変動するのではパートナーシップ関係が毀損されてしまうことから、安定的な財源を確保する措
置として導入される。④は妥当でない。行政機関が雇用主として市民を指揮監督することは、市
民協働が目指すパートナーシップ関係とは相容れない。（政策法務テキスト258〜260頁）

<問51> 4

〔正解〕④（配点10点）

〔解説〕①、②、③は妥当である。選択肢に記載の通りである。④は妥当でない。執行細則の公開
の必要性が指摘されている。（政策法務テキスト162〜164頁）

<問52> 1

〔正解〕②（配点10点）

〔解説〕①は妥当である。選択肢に記載の通りである。②は妥当でない。審査法務は法制執務に特
化され、肝心の条例の中身の検討が十分ではない場合も散見された。③、④は妥当である。選択
肢に記載の通りである。（政策法務テキスト10頁）

<問53> 4

〔正解〕②（配点10点）

〔解説〕①は妥当である。選択肢に記載の通りである。②は妥当でない。よりよい条例とするため
の評価である事前評価も重要である。③は妥当である。選択肢に記載の通りである。④は妥当で
ある。基本条例や理念条例は、自治体の進むべき道程を示したものであり、時の社会経済情勢等
に適した見直しを図っていく必要がある。（政策法務テキスト145, 156〜157頁）

<問54> 4

〔正解〕①（配点25点）

〔解説〕①は最も妥当である。規制の緩和で第三者が影響を受ける可能性があるから、規制を強化する内容だけではなくこれを緩和する内容についても、意見公募をすることが望ましい。なお、規則の制定改廃についても、行政手続法46条によって同法6章の規定による意見公募手続に準じた措置を講じることが自治体に努力義務として求められている。②は妥当でない。執行細則上の基準はあくまで裁量権の最適行使をするための基準であり、個別事案では当該基準を機械的に当てはめることがかえって問題となる事案があり、そうした機械的当てはめで問題となる場合には、逆に個別事情考慮義務違反の違法な取扱いとなる。つまり基準逸脱事案については、個別事案の何をどのように考慮した結果の基準逸脱なのか、そのことに合理的な理由があったかどうかを評価すべきものである。③は妥当でない。確かに適法な行政事務が継続すれば審査請求は減少するであろうが、制度の変更や制度をめぐる環境の変化がなくても、個別の法執行の案件は異なるから、単純に審査請求の件数減少だけで法執行の善し悪しを判断することは適切ではない。④は最も妥当であるとまではいえない。後段の内容は妥当であるが、場合によっては、国が制定した国法の内容について改廃を求めることも必要となる。よって問題文の「国の法律や法律に基づく命令を所与とし」の部分について、選択肢①よりも妥当であるとまではいえない。（政策法務テキスト162～168頁）

<問55> 3

〔正解〕①（配点10点）

〔解説〕①は妥当である。直接強制、執行罰には国の法律の根拠が必要であり、立法例はごく限られている。②は妥当でない。代執行を用いることができるのは代替的作為義務のみであり、不作為義務について用いることはできない。③は妥当でない。行政上の義務を履行しない場合には、それが金銭上の義務でない場合には、裁判手続によりその義務の強制的履行を図ることはできないとするのが判例の立場である（宝塚市パチンコ店等規制条例事件・最判平14・7・9民集56巻6号1134頁）。④は妥当でない。即時強制は私人の身体や財産に作用を及ぼすものであり、法律・条例の根拠を必要とする。（政策法務テキスト126～128頁）

<問56> 7

〔正解〕③（配点15点）

〔解説〕①は妥当でない。開示請求を行った後にのみ訂正請求等を行うことができるとするのが一般的である。②は妥当でない。自治体に関しては必ずしも義務付けられてはいない。③は妥当である。個人識別符号の規定がない場合であっても、ＤＮＡ、顔認識データ、指紋・声紋データ等によって特定の個人が識別されれば個人情報として扱われることになる。④は妥当でない。個人情報保護条例において、受託者等も対象として規律することが通常である。（政策法務テキスト281～282，290頁）

<問57> ①

〔正解〕③（配点25点）

〔解説〕①は妥当ではない。確かに、自主条例についてのマネジメントサイクルとしては妥当だが、まずは既存の法令の執行の評価をしたうえで、既存の法令の評価・見直しではその自治体で直面する具体的な政策課題に対処できない場合に、自主条例の制定としてのマネジメントをスタートさせることになる。②は妥当ではない。法執行であっても解釈運用法務で対応が十分にできない場合、法解釈から条例制定（法執行条例・自主条例）を導き出すことも自治体法務のマネジメント手法である。③は最も妥当である。争訟法務は、争われている自治体のみならず、他自治体の争訟が参考になる。争訟は対岸の火事ではなく他山の石として捉えることが肝要である。④は妥当ではない。一見国に法改正を働きかけることは消極的対応に思えるが、さまざまな法務マネジメントを駆使する中でも、法律による行政である以上、自治体の実情を踏まえてもととなる法律の改正を求めることは重要である。国においても提案募集方式が取り入れられている。（政策法務テキスト28〜29，35，39頁）

<問58> ⑧

〔正解〕④（配点15点）

〔解説〕①、②は妥当でない。横浜市立保育園廃止処分取消請求事件・最判平21・11・26民集63巻9号2124頁は、いわゆる民営化の対象となった保育所を廃止する条例制定を行政処分に当たるとしつつ、すでに児童が卒園していることから訴えの利益がないとして上告を棄却した。③は妥当でない。独立行政法人通則法（1999年）によって国に導入されているとともに、地方独立行政法人法（2003年）によって自治体にも導入されている。④は妥当である。いわゆる市場化テストについては、「競争の導入による公共サービスの改革に関する法律」（2006年）により導入されている。（政策法務テキスト320〜323頁）

<問59> ⑧

〔正解〕①（配点10点）

〔解説〕①は妥当である。社会に生じる様々な課題の中から、ある課題が、政府が検討すべき「政策課題」として取り上げられるためには、関与する人や機関の判断や働きかけが重要になる。そういった中で政策課題に乗らないようにする動きもまた重要なものとなる。②は妥当でない。政策廃止論は、政策や組織の廃止がどのように決定されるかを考察する研究である。③は妥当でない。ゴミ缶モデルは、政策決定が、いろいろな問題と解決策が乱雑に入れられたゴミ箱（garbage can）のような状態の中で無秩序に行われるという考え方である。④は妥当でない。「政策の窓」モデルは政策決定のプロセスにおいては、問題の流れ、政策案の形成、政治、の３つの流れがあり、これらがある時期に合流し、「政策の窓」（policy window）が開かれ、政策が決定に至るとする理論である。（政策法務テキスト310〜311頁）

<問60> ⑥

〔正解〕④（配点25点）

〔解説〕①は妥当でない。現在においても原子力発電所再稼働や基地建設などに対し、抵抗型市民

運動は展開されている。②は妥当でない。要求型市民運動は、生活基盤防衛型の運動ではなく、生活環境向上型の運動である。また、生存権の保障は、生活基盤防衛型のものである。③は妥当でない。自治体では、徐々に市民参加の制度化を図っていった。④は妥当である。選択肢に記載の通りである。（政策法務テキスト241～242頁）

<問61> 8

〔正解〕②（配点10点）

〔解説〕①は妥当である。「反抗者」には、「制止戦略」だけが有効であり、「制裁戦略」は、犯行に対する意志や反抗者集団の結束を高める可能性がある。②は妥当でない。「異議申立者」には、柔軟な「適応戦略」だけが有効であり、「制裁戦略」は反発を呼び、逆効果の可能性がある。③は妥当である。「悪意の違反者」には、「制止戦略」や「制裁戦略」が有効であり、規制は知っているため「周知戦略」は効果がない。④は妥当である。「善意の違反者」には「周知戦略」と「制止戦略」が有効である。（政策法務テキスト313～315頁）

<問62> 7

〔正解〕②（配点15点）

〔解説〕①、③、④は妥当である。京都市レセプト訂正請求事件判決（最判平18・3・10判時1932号71頁）で示された判断である。②は妥当でない。訂正請求に対して訂正をしないことを決定した処分が違法であるとした控訴審判決（大阪高判平13・7・13判タ1101号92頁）である。（政策法務テキスト286～287頁）

<問63> 8

〔正解〕④（配点15点）

〔解説〕ＮＰＭ改革に関する問題である。①、②、③は妥当である。選択肢に記載の通りである。④は妥当でない。指定管理者制度の説明ではなく、独立行政法人制度の説明である。指定管理者制度は営利企業・公益法人・ＮＰＯ・任意団体等も含む団体を管理者として条例によって指定し、公の施設の管理・運営を包括的に代行させる制度で、2003年の地方自治法改正によって導入されたものである。（政策法務テキスト321～322頁）

<問64> 7

〔正解〕④（配点10点）

〔解説〕①は妥当でない。不開示情報であっても裁量的開示を行うことができる場合がある。②は妥当でない。指定管理者等に情報公開制度の設置について指導に努める規定や、指定管理者等に情報公開制度の設置について努力義務を課す規定を設けることはできる。③は妥当でない。情報提供の対象となる情報については特段の制限はないため、情報公開制度の対象となる公文書を提供することもできる。④は妥当である。選択肢に記載の通りである。（政策法務テキスト270～271，276頁）

<問65> ③

〔正解〕① (配点15点)

〔解説〕①は妥当である。国が、自治体の事務 (自治事務・法定受託事務の両方を含む) の処理その他の事項について適切と認める技術的助言をすることができることについては地方自治法245条の4第1項に、法定受託事務について処理に当たりよるべき基準 (処理基準) を定めることができることについては同法245条の9第1項に規定されている。②は妥当でない。各府省庁の関係者による解説書は、法令の立案に当たった国の行政当局の考え方を知ることができるなど、実務において役立つものが多いが、地方自治法上の関与には当たらない (関与の法定主義。同法245条の2)。③は妥当でない。選択肢の前半部分は妥当であるが、いわゆる「ふるさと納税」をめぐる訴訟において、自治体の訴えが認められている (最判令2・6・30民集74巻4号800頁)。④は妥当でない。自治体が担う事務の法解釈の責任は執行者である自治体があくまで負うものであり、総務大臣の同意 (地方自治法245条1号ニ) を得たうえで課税された法定外税 (臨時特例企業税) が、裁判において違法無効と判断された事例がある (神奈川県臨時特例企業税条例事件・最判平25・3・21民集67巻3号438頁)。(政策法務テキスト136〜138頁)

<問66> ⑧

〔正解〕③ (配点10点)

〔解説〕①は妥当である。「階統制の原則」(階層的に整序された職務体系の原則)は、マックス・ウェーバーの官僚制の原則の1つである。②は妥当である。「権限の原則」(規則による明確な権限に基づく職務の原則) は、マックス・ウェーバーの官僚制の原則の1つである。③は妥当でない。マックス・ウェーバーの官僚制の原則としては、「公私の区別の原則」(職務と私生活の分離の原則) があり、「公私の融合」は官僚制の特徴として捉えられているわけではない。④は妥当である。「文書主義の原則」(文書による職務執行の原則) は、マックス・ウェーバーの官僚制の原則の1つである。このほかに、マックス・ウェーバーの官僚制の原則として、専門性の原則 (専門的資格に基づく専業的な遂行) がある。(政策法務テキスト316頁)

<問67> ②

〔正解〕④ (配点15点)

〔解説〕①は妥当でない。条例をなじみやすいものにするため、「ですます」調を採用する例がある。②は妥当でない。雑則規定は実体規定全般に適用される技術的・手続的・付随的規定であり、実体規定がなければ存在し得ない。③は妥当でない。住民に義務を課す規定を規則に包括的に委任することは許されない。④は妥当である。選択肢に記載の通りである。(政策法務テキスト88〜89、92〜94頁)

<問68> ⑤

〔正解〕② (配点10点)

〔解説〕①は妥当である(地方自治法245条の2)。②は妥当でない。地方自治法245条の3第1項は、関与は、「その目的を達成するために必要な最小限度のものとするとともに、普通地方公共団体の自主性及び自立性に配慮しなければならない。」とする比例原則を明確にしている。③は妥当

である（地方自治法247条）。④は妥当である。選択肢に記載の通りである。（政策法務テキスト206～208頁）

＜問69＞ 4

〔正解〕②（配点15点）

〔解説〕①は妥当である。また、憲法92条で保障された地方自治の本旨に照らせば、国の監督権の違法な行使によって自治権を侵害された自治体は、その救済を求めて裁判所に抗告訴訟を提起できるとの見解もある。②は妥当でない。自治体における住民福祉の向上という観点から住民側の訴えに公共性が認められる場合には、原告住民を支援する仕組みを設けることが、政策的に望ましいことがあり得る。③は妥当である。国地方係争処理制度はこれまでのところ活発に利用されているとはいえず、活用されていない制度上・運用上の原因があるとすれば、その実態を調査し、改善する必要がある。④は妥当である。制度化された国と地方の協議の場は、自治体による国法評価手続として利用することが考えられる。（政策法務テキスト175～176頁）

＜問70＞ 8

〔正解〕①（配点25点）

〔解説〕アは妥当である。新型インフルエンザ等対策特別措置法も、そうした考え方の下で、住民、施設管理者等に対する要請等を都道府県知事の役割としている。イは妥当である。ただし、2021年2月に同法が改正され、緊急事態宣言にまん延防止等重点措置の制度が加えられるとともに、いずれの場合にも施設管理者等に対する命令及び過料の規定が設けられた（同法31条の6第3項、45条3項、79条、80条）。ウは妥当でない。同法は国民の生命・健康の保護を目的としているため（1条）、全国最低限の規制であり、地域の実情に応じてより厳しい規制を行うことを許容する趣旨と解すべきであり、少なくとも「全国一律の規制を定めたものであり」と決めつけることは妥当でない。また、実際に制定された条例の中には、具体的な協力の求めを定める条例（愛知県新型コロナウイルス感染症対策推進条例など）もあるため、「理念やマナーを定める条例にとどまっている」という点も妥当でない。エは妥当でない。そもそも自粛要請は、任意の協力を求めるものであり、権利制限ではないため、損失補償（憲法29条3項）は要しない。なお、同法に基づく指示（2021年2月改正により命令に変更）は権利制限になりうるが、この制限は内在的制約であり、補償が必要とされる「特別の犠牲」には該当しないと解されているため、この点でも妥当でない。よって、妥当なものをすべて掲げた選択肢は①である。（政策法務テキスト336～338頁）

自治体法務検定（2021年度）解答用紙（基本法務）

問題番号	解答
1	
2	
3	
4	
5	
6	
7	
8	
9	
10	
11	
12	
13	
14	
15	
16	
17	
18	
19	
20	
21	
22	
23	
24	
25	
26	
27	
28	
29	
30	
31	
32	
33	
34	
35	

問題番号	解答
36	
37	
38	
39	
40	
41	
42	
43	
44	
45	
46	
47	
48	
49	
50	
51	
52	
53	
54	
55	
56	
57	
58	
59	
60	
61	
62	
63	
64	
65	
66	
67	
68	
69	
70	

自治体法務検定（2021年度）解答一覧（基本法務）

問題番号	解答	配点	問題番号	解答	配点
1	②	15	36	④	10
2	③	10	37	④	10
3	④	15	38	①	15
4	③	25	39	③	15
5	②	15	40	①	10
6	③	10	41	②	15
7	①	15	42	③	15
8	②	10	43	②	25
9	④	10	44	④	10
10	②	25	45	③	10
11	②	15	46	④	15
12	④	15	47	①	15
13	④	15	48	①	10
14	②	10	49	③	25
15	③	10	50	④	10
16	④	25	51	④	15
17	③	15	52	②	15
18	①	10	53	④	15
19	④	25	54	④	10
20	①	10	55	④	10
21	④	15	56	③	10
22	④	10	57	④	10
23	③	15	58	③	25
24	③	25	59	①	10
25	④	10	60	④	15
26	③	15	61	③	10
27	③	15	62	③	10
28	③	15	63	④	25
29	③	10	64	④	10
30	②	25	65	④	15
31	②	15	66	④	10
32	③	15	67	③	15
33	④	15	68	④	15
34	④	10	69	①	10
35	④	10	70	②	15

自治体法務検定（2021年度）解答用紙（政策法務）

問題番号	解答
1	
2	
3	
4	
5	
6	
7	
8	
9	
10	
11	
12	
13	
14	
15	
16	
17	
18	
19	
20	
21	
22	
23	
24	
25	
26	
27	
28	
29	
30	
31	
32	
33	
34	
35	

問題番号	解答
36	
37	
38	
39	
40	
41	
42	
43	
44	
45	
46	
47	
48	
49	
50	
51	
52	
53	
54	
55	
56	
57	
58	
59	
60	
61	
62	
63	
64	
65	
66	
67	
68	
69	
70	

自治体法務検定（2021年度）解答一覧（政策法務）

問題番号	解答	配点
1	④	15
2	②	10
3	①	10
4	③	15
5	③	25
6	①	15
7	③	10
8	①	15
9	③	15
10	①	15
11	②	25
12	③	10
13	①	15
14	②	10
15	④	15
16	②	15
17	④	10
18	③	15
19	①	15
20	①	25
21	①	25
22	②	10
23	②	15
24	④	10
25	④	10
26	③	10
27	③	15
28	②	15
29	④	10
30	②	10
31	①	15
32	③	15
33	④	10
34	④	10
35	③	15

問題番号	解答	配点
36	②	15
37	④	25
38	③	10
39	④	10
40	①	10
41	④	15
42	②	15
43	④	25
44	③	10
45	①	15
46	①	15
47	②	10
48	②	15
49	②	10
50	④	10
51	④	10
52	②	10
53	②	10
54	①	25
55	①	10
56	③	15
57	③	25
58	④	15
59	①	10
60	④	25
61	②	10
62	②	15
63	④	15
64	④	10
65	①	15
66	③	10
67	④	15
68	②	10
69	②	15
70	①	25

自治体法務検定（2021年度）分野別出題一覧 ━━━━━━━━━━ ●
◎基本法務

分野	出題番号
序章 （基本法務を学ぶ にあたって）	28
	57
第1章 （憲法）	1
	6
	9
	27
	32
	35
	37
	49
	70
第2章 （行政法）	5
	8
	24
	34
	39
	42
	43
	45
	47
	51
	53
	55
	62
	63
第3章 （地方自治法）	2
	3
	4
	14
	17
	19
	21
	22
	25
	31

分野	出題番号
第3章 （地方自治法）	33
	36
	40
	41
	44
	46
	48
	50
	54
	58
	60
	65
	67
	68
第4章 （民法）	11
	12
	13
	15
	16
	18
	23
	26
	29
	30
	52
	56
	59
	61
	69
第5章 （刑法）	7
	10
	20
	38
	64
	66

◎政策法務

分野	出題番号
第1章 （自治体法務とは）	2
	9
	10
	14
	26
	41
	46
	52
	57
第2章 （立法法務の基礎）	1
	7
	23
	27
	29
	30
	31
	43
	44
	47
	67
第3章 （解釈運用法務の 基礎）	11
	19
	21
	25
	36
	38
	40
	48
	55
	65
第4章 （評価・争訟法務）	6
	15
	17
	20
	32

分野	出題番号
第4章 （評価・争訟法務）	39
	45
	51
	53
	54
	69
第5章 （自治制度の改革）	3
	16
	18
	22
	28
	33
	35
	37
	49
	68
第6章 （市民参加と 市民協働）	8
	12
	13
	50
	60
第7章 （情報公開と 個人情報保護）	5
	24
	56
	62
	64
第8章 （公共政策と 自治体法務）	4
	34
	42
	58
	59
	61
	63
	66
	70

自治体法務検定問題集
2021年度版

2021 年 11 月 25 日　初版発行
編　集　自治体法務検定委員会（委員長 塩野　宏）
発行者　田 中 英 弥
発行所　第一法規株式会社
　　　　〒107-8560　東京都港区南青山 2 - 11 - 17
　　　　ホームページhttps://www.daiichihoki.co.jp/

自治検問題集21　ISBN 978-4-474-07713-3　C0031　（1）